文教篇

外国专家在中国

——中国政府“友谊奖”获得者的故事

WENJIAO PIAN
WAIGUO ZHUANJIA ZAI ZHONGGUO
——ZHONGGUO ZHENGFU “YOUYI JIANG” HUODE ZHE DE GUSHI

主　编　梁伯枢
副主编　吴星铎

全国百佳图书出版单位
APGTIME 时代出版
时代出版传媒股份有限公司
黄山书社

图书在版编目(CIP)数据

外国专家在中国:中国政府“友谊奖”获得者的故事. 文教篇:中文版/主编梁伯枢 副主编吴星铎. —合肥:黄山书社, 2016. 12

ISBN 978-7-5461-6212-6

Ⅰ. ①外… Ⅱ. ①梁… Ⅲ. ①专家－生平事迹－外国－现代 Ⅳ. ①K812. 5

中国版本图书馆 CIP 数据核字(2016)第 326388 号

外国专家在中国——
中国政府“友谊奖”获得者的故事(文教篇)

主　编 梁伯枢
副主编 吴星铎

出 版 人　王晓光
策　　划　贾兴权　马　磊
责任编辑　江一常
责任印制　戚　帅
责任校对　徐佩兰
装帧设计　王路漫　熙宇文化
出版发行　时代出版传媒股份有限公司(http://www.press-mart.com)
　　　　　黄山书社(http://www.hspress.cn)
地址邮编　安徽省合肥市蜀山区翡翠路 1118 号出版传媒广场 7 层 230071
印　　刷　安徽联众印刷有限公司
版　　次　2017 年 5 月第 1 版
印　　次　2017 年 5 月第 1 次印刷
开　　本　700mm × 1000mm　1/16
字　　数　100 千
印　　张　8.5
书　　号　ISBN 978-7-5461-6212-6
定　　价　68.00 元

服务热线　0551－63533706
销售热线　0551－63533761
官方直营书店(http://hsssbook.taobao.com)

前言

外国专家在中国是一个很特殊的群体。他们是我国经济和社会发展的建设者，在自己的专业岗位挥洒汗水，付出心血；他们是追求梦想的寻梦者，在广袤的华夏大地绽放美丽人生，实现生命价值；他们是中外文化交流的友谊使者，在这里的工作生活不但给他们留下美好记忆，同时也让他们与当地人民结下了深厚的友谊，留下了一篇篇动人的故事。他们在这里的经历，也使得世界各国更多的专家了解到一个真实而多彩的中国，产生来华工作发展的意愿。

从新中国成立到现在，六十多年的时间里，他们当中的突出贡献者，赢得了中国人民的尊敬和爱戴，受到了中国政府的褒奖。他们被授予中国政府“友谊奖”，这是为表彰在中国现代化建设和改革开放事业中做出突出贡献的外国专家而设立的最高荣誉奖项。

这个奖项可以追溯到20世纪50年代，当时大批苏联专家来到中国，为新中国建设的起步发挥了重要的作用。中国政府向来华工作的外国专家授予“友谊纪念章”和周恩来总理签名的感谢状。1960年中苏关系恶化，苏联专家全部撤离中国，“友谊纪念章”授予活动也就此终止。1991年，中国政府“友谊奖”正式恢复设立。每年评选一次，截至2016年已有1499名外国专家获此殊荣。从那时起，每年国庆前夕，国家领导人为“友谊奖”获奖专家颁奖，国务院总理接见并邀请获奖专家参加国庆活动等已经形成惯例。

《外国专家在中国——中国政府“友谊奖”获得者的故事》所讲述的正是这个获奖群体中的杰出代表在中国发生的故事。通过一个个有血有肉、跳动着时代脉搏的外国面孔，向国内外读者展现他们在中国真实而又精彩的经历，同时也用他们的视角观察中国的进步。

根据所选专家的专业领域，《外国专家在中国——中国政府“友谊奖”获得者的故事》共分“经济篇”“文教篇”“科技篇”三册，每一册精选10位杰出代表，以中英文双语形式在国内外公开出版发行。

本书由梁伯枢先生担任主编，他是国家外国专家局主管的外国专家和国际人才领域权威期刊《国际人才交流》杂志的总编辑、全国新闻出版领域领军人才，对外国专家面对面采访，并从事写作、编辑工作超过25年。

本书的目标读者主要是世界各地外国专家，中国外国专家聘请及管理部门，从事对外传播、外交和跨国文化交流的从业人员，在华涉外机构及我国各驻外使领馆人员，国外孔子学院师生，国内外广大读者。

编者

2016年9月30日

目 录

CONTENT

“洋主播”艾德文

2009年10月1日，在新中国成立六十周年的国庆阅兵仪式现场，彩旗飞舞，热闹欢腾。道路正中，“同一个世界”彩车缓缓行进。站在彩车最前排的，有一位身穿大红衬衫、戴着毛利图案领带的外国老爷子。只见他双臂高挥，笑容满面，沉浸在欢欣鼓舞的节日氛围中。道路两旁围观的中国民众也不断向这位和蔼热情的外国专家致以敬意。

这位站在彩车前排的外国老爷子名叫艾德文·马厄（Edwin Charles Maher），是中央电视台英语频道首位外籍新闻主播。75岁的艾德文来中国工作之前，曾是墨尔本家喻户晓的脱口秀主持人和天气预报员，曾在澳大利亚广播公司（ABC）从事播音工作达 20 年，并且拥有澳大利亚和新西兰 50 多年的记者和播音主持经验。2007 年，艾德文荣获中国政府授予外国专家的最高奖项"友谊奖"；2009 年，他又被评为"新中国 60 年最有影响的海外专家"；2012 年，艾德文拿到了中国授予的拥有永久居住权的"绿卡"。来华十余年，镜头前后故事不断。不管是工作还是生活，艾德文始终带着自己的睿智和幽默，体验着中国人民的热情，感受着中西文化的碰撞。

弃澳来华，成为央视"洋主播"

2007 年国庆前夕，中国政府"友谊奖"颁奖典礼在北京人民大会堂隆重举行，各位获奖的外国专家受邀出席，艾德文荣膺此列。作为外国获奖专家代表，艾德文在发言时表示："生活在中国如同乘坐高速列车，列车前进方向明确，乘客却不知道下一个拐弯的地方。"

作为中央电视台的第一位"洋主播"，艾德文在这里达到了自己事业的新巅峰。他热爱播音，工作兢兢业业，不仅帮助中国播音行业将英语电视频道的专业水准提升到了一个更高的层次，也使世界更易于、更乐于了解中国。

艾德文的新闻生涯开始于 1965 年的新西兰广播，后来又在 ABC 公司工作了 20 年，曾是墨尔本众所周知的电视主持人。他开始从事媒体工作的时候，广播里的新闻是录在一卷一卷的录音带上的，而电视节目则是录在 16 毫米的胶片上，用黑白屏幕播放。

2003 年春天，艾德文媒体服务公司还处在蹒跚起步阶段。一个雨天，艾德文在家里百无聊赖地打开老式短波收音机，无意中搜索到了中国国际广播电台（CRI）招聘外国专家的广告。出于兴趣，他发出了电子邮件，不久便收到了言辞恳切的回复。于是艾德文来到北京加入了海外专家队伍，担任 CRI 英语播音指导。

来到中国之前，艾德文在澳大利亚长期忙于记者、播音员和艾德文媒体服务公司的播音培训工作。“很多人年龄到了，都向往退休，想和家人多待在一起。但我初到中国时的丰富体验，让我上了瘾。有什么东西一直在牵动着我的兴趣，我想多了解了解我个人的价值观以及对职业的新挑战。”艾德文这样描述自己初到中国的心境。

来到中国之后，中央电视台纪录频道（CCTV-9）的一位澳大利亚专家无意间碰到了艾德文。这位专家对频道负责人说：“我是看着他的新闻长大的！”于是，艾德文很快收到了 CCTV-9 的工作邀请，并于 2004 年成为央视英语频道的新闻播音员，成为中央电视台英语国际频道第一位地道的“老外新闻主播”。在央视国际频道，他除了担任每周 4 天、1 天 4 次的播音主持工作，还负责培训中国本土播音员和记者，每周 1 次帮助他们纠正英文发音、语调，并且润色英文稿件。对待每一项工作，他都认真负责、竭尽全力，受到中国同事的好评。

艾德文说：“在我辅导这些播音员和记者的时候，我们经常在一起聊天，他们给我讲他们的生活，他们小时候的故事和他们的家庭，这是一个绝好的交流机会，来自不同文化的人建立起了真正的友谊。”在他热情的帮助下，中国同事们的业务水平有了很大的提高，英语节目的质量得到了改进。

除了新闻播报这项分内的工作，艾德文还经常将自己的见闻写成文章在《中国日报》等报刊发表，向海外介绍中国所发生的变化。2008 年四川汶川发生大地震，他个人为灾区捐献了一个月的工资，同时向外国专家主管部门写信表示，自己时刻准备为抗震救灾做任何力所能及的工作。艾德文对华的友好情谊，使他在中国受到了更多的尊重。

守护病榻，夫妻情深

来华之前，艾德文曾有一段突如其来的不幸经历。之前，在墨尔本的郊区，艾德文一直过着其乐融融的大家庭生活。三个孩子已经长大，大儿子也结了婚，妻子萝宾也打算从当地一家幼儿园的教学岗位上退休。

这样安逸的生活并没有持续多久。1998 年 12 月初，原本身体健康的萝宾突然头痛得厉害，艾德文陪同妻子一起去看家庭医生，医生说了他的最坏估计——脑瘤。几天后，经过活体组织切片检查，医生诊断出了最糟糕的结果——致命的四级恶性肿瘤，学名叫"多形性胶质母细胞瘤"，非常不乐观。这种不治之症，治疗方法通常是手术、化疗和放疗，术后平均存活期为一至两年。这对艾德文来说是一次沉重的打击。

"生活总是在你最意想不到的时候狠狠地踹你一脚。" 在其 2015 年出版的新书《找得着北》中，艾德文这样回忆道，"萝宾平时很注意防范疾病，定期体检，包括做胸透检查。我们决定要更新遗嘱的时候，我极不情愿谈这个话题。"尽管陷入了深深的痛苦之中，但他仍守护在妻子身边，共同对抗病魔。经过两人的努力，萝宾终于站了起来。

为了治疗，艾德文与妻子长期居住在医院。突然，医院又宣布了一个坏消息，医疗小组说肿瘤扩散速度非常快，24 小时之内萝宾可能会走。

"可能是萝宾对最近使用的激素和其他药物反应比较慢，所以她一时半会儿还不会走。"即便听闻噩耗，艾德文仍坚持悉心照料和顽强乐观地守护在妻子身边。终于，在一天下午，萝宾睁开了眼睛，

▲ 2012 年，艾德文在新疆交河故城遗址附近留影

并问道：“我这是在哪儿？”看到苏醒的妻子，艾德文惊喜万分。他抹去眼泪，露出意想不到的笑容，准备迎接下一场与病魔的战斗。

共度了无数个难眠的夜晚，2001 年 1 月，萝宾还是离开了艾德文和这个她所钟爱的世界。

妻子辞世后，艾德文一度陷入迷惘与痛苦之中。直到向中国国际广播电台发出通知，艾德文才感到了新的生活希望。来华工作前夕，艾德文与女儿一起，将萝宾的骨灰撒在了她的故乡。这位尽职尽责的丈夫，用坦然和果敢战胜了人生旅途中的失意。随着在华工作的展开，年近花甲的艾德文踏上了全新的人生旅途。

播音员“爷爷”的发音尴尬

第一次进央视新闻直播室，不少年轻同事不知该如何称呼这位外国前辈。《文化快报》的一位外语文字编辑爱德华·麦克唐纳对艾德文说，中国的同事给你取了一个昵称，叫 Ye Ye 。Ye Ye 就是爷爷的意思。起初，听了这个称呼，艾德文吓了一跳：“我在澳大利亚有 5 个孙子，年龄在 4 到 14 岁之间。跟这些二三十岁的年轻人共事，他们以为我有多老啊。”艾德文那时的中文还不太好，爱德华告诉他：“不过他们不是说你老了，这仅仅是个爱称。”于是，艾德文开心地接纳了这个称呼。

中国的人名、地名发音对外国播音员来说是个难点，艾德文也不例外。有一次播出新闻，念到中国山西省的省会太原，艾德文的发音总是像“台湾”。于是，艾德文坚持把地名念了六七遍，终于有了准确的发音。“这样做真行了，搞得我真想去这两个地方看看。”艾德文乐不可支地回忆道。

对外国人来说，要清楚地说出“陕西”和“山西”两个省的名字更是困难。“陕西”和“山西”两个词，一度成了艾德文播音时的“拦路虎”。“看着字形虽然容易区分，但要发音正确且读出不同，是很难的，这就需要懂得汉语的音调。”本职工作的要求鞭策着艾德文加倍努力学习汉语，他的汉语水平有了极大提高。

从“找不着北”到“找得着北”

除了自己日常的新闻播报工作，艾德文闲暇之余，还在英文版《中国日报》上撰写一系列文章，介绍自己的在华经历和亲身感受。2007年，这些文章结集出版，名曰《找不着北：CCTV 洋主播的中国故事》。译者张黎新对这个“说不了几句中国话，却独自漫游四方”的“老顽童”颇为感慨。同时，艾德文观察北京、感知中国的异域视角也让她“重新开始热爱我所居住的这座城市，寻找生活中被忽视的乐趣”。艾德文的中国故事，成了老外了解中国的窗口，起到了促进文化交流的作用。

北京的发展之快令艾德文叹为观止。随着城市环路像蜘蛛网一样铺开，他给北京起了个外号——土星城。“那些环路不正像包围土星的光环吗？”艾德文说。澳大利亚法律规定，骑自行车必须佩戴头盔。到中国后他却发现，中国虽然向世界各地出口头盔，商店里却不容易买到，大街上也几乎没人戴。他认为在北京骑自行车简直就是一次历险。

一次，艾德文去超市买手帕，结果一无所获。他的中国同事告诉他：“我们过去用手帕，现在都用纸巾了。”于是，艾德文只好让女儿在澳大利亚买了一条手帕寄到中国，收到后他发现手帕上印着四个字“中国制造”。艾德文不禁笑出了声。

2015 年 1 月，艾德文的新书《找得着北：央视洋主播的新生活》

在北京发布。时隔多年，一个全新的艾德文出现在我们的视野中。

跟中国人接触多了，艾德文渐渐融入其中："尽管语言、传统、文化、音乐不同，但是你对中国人了解越多，他们和你的相同点就越多。他们和你想要的东西是一样的——学习和工作上的成功、房子、汽车、成家。我们都是人，我们都向往舒适的生活和幸福。"从初到中国的"找不着北"到逐步"找得着北"，艾德文对中国的感情日益深厚。

中国"儿子"与中国"家人们"

艾德文不仅在中国收获了事业的果实，中国人的热情与友谊也时常让他感到宾至如归，乐趣横生。在《找得着北：央视洋主播的新生活》一书中，艾德文这样描述道："外国人来中国，工作也好，旅行也好，他们起初感受到的孤独会逐渐消失。"

深入了解身边人，是艾德文最大的兴趣。有一次在街上问路时，他认识了一个清华大学的学生，后来，他还应邀前往这个学生家中做客，最终成为这个家庭的朋友。"某种程度上说，他们领养了我。"艾德文半开玩笑地说。

四季温暖的大洋洲让艾德文对北京的严冬毫无准备，每每这时，他在北京的新家总会给他准备好冬衣。这份朴素的温暖让一个异乡人倍感亲切。

来到北京不久，艾德文去海淀区大钟寺游玩，结识了自己的中国"儿子"徐峥及其一家。当时，他在大钟寺门口兜来转去迷了路，徐峥热心上前帮助，两人的友谊迅速建立起来。"第一次被邀请到他们家里时，我觉得很难得，他们让我有机会去普通中国人家里做客，这是需要很大勇气的。"艾德文回忆说。

▲ 2013 年，艾德文为“我与外教”全国征文大赛获奖者颁奖

以前从没有外国人到过徐峥一家所在的那栋公寓楼，徐峥的父母连半句英语都不会，刚到中国不久的艾德文中文水平又很有限，儿子徐峥便自然成为了翻译。为了打破僵局，徐峥的父亲一把拉过椅子，开始唱歌。四人哼着熟悉的歌曲，就此打破了语言障碍。“那真是非常难忘的夜晚。”艾德文回忆道。

大年三十，鞭炮声响彻天空，中国的春节喜庆氛围达到了高潮。

艾德文应邀到徐峥家中做客，共同庆祝艾德文到中国来的首个新年。临近午夜时分，全家人开始吃饺子，气氛温馨。艾德文对中国放鞭炮的习俗印象深刻：“震耳欲聋的声响，让我感到像是在战场。他们给我火柴让我点鞭炮，点着之后，迅速后撤以防炸到。”

除了徐峥一家，艾德文在中国还感受到了更多的温情。陈俊华是负责艾德文所住公寓附近卫生的清洁人员。与其他服务员不一样的是，陈俊华懂得一点英语，与艾德文沟通还算顺畅。“虽说他词汇量少了点，但是他爽朗的笑声能代替他不知道的那些词语。”艾德文回忆起与陈俊华的交往经历，依旧乐不可支，“我用蹩脚的中文跟他沟通，我们大笑不已。我们一起喝燕京啤酒，吃着烤串，说着许多有意思的对话。”

除此之外，艾德文还跟许多中国人有过交集，不管是来北京打工的农民工贾晓春，还是在后海偶遇的朗读英文的年轻人何宾，这些中国朋友都为艾德文带来了乐趣与温暖，使得他对中国的了解越来越深入，并成为了艾德文的“家人”。

“我很骄傲成为其中的一部分”

很久以来，欧美的新闻机构始终控制着国际新闻传播。近几年来，法国、俄罗斯、卡塔尔、伊朗等诸多非英语国家都开办了面向全球的英语电视频道，力图在被垄断的国际新闻传播格局中发出自己的声音，让世界了解自己。目前，中央电视台已经开设了英语、法语和西班牙语等多个国际频道，越来越多的洋面孔开始走上电视屏幕。

艾德文在中国收获了许多人生亮点，这些亮点大多是他融入中国社会过程中的偶遇。在他看来，这些不期而遇就是高速列车行驶过程中的诸多拐弯。工作多年来，艾德文的中国印象是在一张没有成见的白纸上勾画的，这是他和许多西方人的不同之处。

担任中央电视台英语频道的新闻主播，也让艾德文受到了一些对中国充满误解的西方新闻专家的指责，他们甚至称艾德文为“新闻叛徒”。这些指责和攻击言论发表在 2007 年 12 月 4 日美国《洛杉矶时报》对他的长篇报道中。艾德文对西方一些媒体对其这样或那样的负面评价，并不感到吃惊，他认为这其中的根本原因是西方国家对中国感知不足。

在接受《洛杉矶时报》采访时，艾德文指出，中国的新闻报道“正在变好，门开得比以前大了”。同时，他惊讶于中国 30 年的发展：“我很骄傲成为其中的一部分。别人看法可能和我不同，但我不在乎。”

转眼间，艾德文已经在中国工作和生活了十几年。而 21 世纪初，他刚来中国的时候，只打算待六个月。正如艾德文在自己的著作中所说，他已然把这里当成了自己的家。对中国文化的敬仰，使这位当时已年逾花甲的老人远渡重洋来到中国；中国人民的热情，又让这位老人对这个异国他乡充满了眷恋。艾德文曾说：“在这个全世界人口最多的国家，飞速的发展意味着在这里生活永远不会无聊。”作为新中国电视台首位“洋主播”，这位外国老人在中国开启了自己全新的人生，同时，他也用自己的睿智和专业，帮助中国新闻对外传播一步步走向更高更远的国际舞台。

“魔鬼”“慈父”金昶伯

2008年8月20日，距离北京奥运会结束还有两天。炎热的北京城里，运动员们仍在激烈地角逐着运动场上的荣誉。奥林匹克公园曲棍球场上，中国国家女子曲棍球队（以下简称“女曲”）正与德国队胶着。德国队是上届奥运会冠军，实力不容小觑。此次半决赛，究竟哪支队伍将止步于此，无缘冠军？最终，中国女曲后来居上，以3∶2击败德国队，昂首进军决赛，并最终收得一枚银牌。这是迄今为止，中国女曲在奥运会上取得的最好成绩。

“老师在训练场上特别像魔鬼，但是在生活中又像是慈父。”中国女曲运动员在接受搜狐《冠军面对面》节目时这样说道。

执教中国女曲 9 年，举家迁到中国，儿女相继在清华大学毕业，金昶伯（Kim Chang Back）可谓是把根扎在了这里。

十三亿中国人尊敬的金昶伯

1999 年，金昶伯出任中国国家女子曲棍球队主教练。同年，他带领中国女曲第一次取得了奥运会参赛资格。中国女曲在 2000 年悉尼奥运会上一举斩获第五名。

此后，中国女曲迅速成长起来。她们首先在澳门举行的冠军杯比赛中拔得头筹，之后又夺得世界杯的第三名。2002 年，在韩国釜山举行的亚运会上，中国女曲又击败老牌劲旅韩国队，荣登冠军宝座。

而最耀眼的，莫过于 2008 年北京奥运会上那枚来之不易的银牌。

半决赛时，中国队与 2004 年雅典奥运会女曲冠军德国队狭路相逢。比赛刚一开始，德国队就开始猛攻，并以开局破门得分给中国队造成了首球失利的压力。所幸的是，在 0 ∶ 1、1 ∶ 2 两度落后的情况下，中国女曲没有自乱阵脚，而是把握自身比赛节奏，积极寻找机会进攻，最终以 3 ∶ 2 逆转局势，挺进决赛。

得知中国队顺利晋级决赛后，教练金昶伯这样说道：“目前还没有一支亚洲女子曲棍球队在奥运会上赢得过金牌。2008 年 8 月 22 日，中国将改写世界曲棍球史。”

这不禁令人回想起雅典奥运会上的那场比赛，中德两队也是相逢于半决赛。那次比赛中，中国队和德国队打平，加时赛依旧胜负未分。遗憾的是，点球大战中，中国队负于对手，失去了晋级决赛的资格。

“我们记得那次比赛，那对我们来说是一次血的教训。但今天，进入决赛的感觉很棒，我们希望在决赛中改写中国的曲棍球史。”

虽然北京奥运最终决赛中国队负于荷兰队，获得了银牌，但那确实是中国女曲离奥运金牌最近的一次。

那一年，金昶伯获选国际曲棍球联合会2008年曲棍球女队最佳主教练，而在年度最佳阵容中，也有3名中国队员入选。根据国际曲联惯例，年终男女全明星阵容各有18名队员和2名教练入选。金昶伯与奥运冠军、荷兰队主帅拉默斯分享最佳女队主帅的荣誉。

这大约是对当年金昶伯卖掉韩国的房子、举家搬到中国、振兴中国国家女曲最好的奖励。

“我是金昶伯，教曲棍球的金昶伯，得到十三亿中国人尊敬的金昶伯。”2008年奥运会女曲半决赛后，金昶伯这样回答韩国记者的提问。

卖房举家来中国

1999年来中国执教，2000年举家搬到中国。

金昶伯告诉记者，其实他从1987年就开始观察中国队，总觉得这是一支很有潜力的队伍，但四五年来，没有任何的进步。1999年3月，金昶伯重新担任韩国队主教练，因为成绩和个性方面的一些问题，和韩国曲协闹矛盾，而处于休假期。

“这时候，中国曲棍球协会找到我，刚开始，就是让我过来看一看，帮忙诊断一下。”经过几番探讨，双方达成共识。2000年1月3日，金昶伯正式担任中国女曲主教练。

“初到中国，遇到的最大问题是来自文化方面的差异。之前一直执教韩国队，自己也是一个韩国人，要想让一群中国运动员听自己的，并非易事。”金昶伯回忆说，“我刚来的时候，队员很难理解和接受，有些队员干脆不干了。有时候，我在这边讲一些防守的事情，进攻组在另一边玩自己的，连听都不听。”

在训练场上，或许令行禁止还行得通，但训练场下，日常生活中，要想让队员们真正亲近自己，接纳自己，金昶伯发现这简直是难上加难。

为了跟队员们拉近距离，金昶伯花了好些心思。招数之一就是给每个队员过生日。这个习惯，金昶伯一直保持下来。他记住了每个队员的生日：“每次利用生日的机会，距离都可以拉近一点。”

广州黄村训练基地周围有许多独具地方特色的餐馆，周末的时候，金昶伯就和翻译一起去，在餐馆里和队员们假装偶遇，这也是老金的一个招数。“其实早就安排好了，还装作恰巧碰到，‘没想到你也来了，那我们一起坐下聊聊吧’。”金昶伯回忆道。

执教中国队这么些年，金昶伯在渐渐融入中国队的同时，他的一言一行也慢慢地渗入了中国队，赛场内外都影响着这支队伍。

金昶伯初来中国队时，发现中国队员不是很重视礼仪，有些队员见了面连招呼都不打。这在来自韩国的金昶伯眼中可不行。于是他要求队员，见面一定要问好。称呼也要改变：队员称金昶伯为老师，队员之间以姐妹相称。“老师自2000年以来，他一直把我们当他的学生。队员之间都是姐妹，姐姐爱护妹妹，妹妹尊重姐姐。”女曲队员在接受采访时微笑着说道。

力量训练房里，放着金昶伯刚从韩国带回来的劲爆金曲；训练结束，队员们吃着老师和师母做的韩国打糕。多年下来，中国女曲队伍里，金昶伯的点点滴滴早已渗透到了各个角落。

随着双方年龄的增长，队员们眼里的金老师也越来越亲切可爱。老金喜欢踢球，但凡训练课上组织踢球时，他总是会亲自披挂上阵，忙不迭地穿梭在锋线和中场之间，尽管触球的机会并不多。每次进球，队员们也都习惯性地跑到老金面前，和他击掌相庆。

手拿木棒的“魔鬼教练”

自金昶伯接手中国女曲之后，女曲不论是世界大赛的成绩还是技术水平都取得了非常显著的提升。这一切，除了队员们的刻苦努力之外，也离不开金昶伯的“魔鬼训练”。

一个女曲队员说：“老师在训练场上笑容比较少，特别魔鬼。我们在训练场上又惊又怕，甚至想打他。”

金昶伯带队是典型的韩国人风格，对队员要求非常严格。金昶伯手里有一根小棒，是散步时捡来的。棒子打磨光滑，写上了“必胜棒”三个字。对训练不积极的队员他就不客气了，采用木棒政策。

广州黄村训练基地的曲棍球场地上，中国女曲队的冬训在这里进行。这位传说中的“魔鬼教练”站在场边，瘦削的身影格外显眼。他双手交叉胸前，时而踱着步子，低头和翻译嘀咕几句，但眼光始终注视着场地上的运动员。看到队员有问题，等不及翻译开口，就用韩式的中文大喊大叫起来。

一堂训练课下来，队员们个个满脸汗水，弯着腰在场边喘粗气。

以前，女曲训练时间一天不超过 3 小时。金昶伯执教之后，一天分三次训练，共 6 小时，另外还有一个半小时的夜间体能训练。做仰卧起坐时，队员身上还要加 10 千克沙袋。

团队精神训练时，金昶伯有时会让大家跑圈。“我们要一直跑一直跑，直到大家脚步都跟齐为止，就是为了锻炼团队精神。”

金昶伯的严厉还体现在他要求特别细致，而且特别固执。

有一年女曲队在旅顺集训。一次训练结束后，金昶伯对周婉锋、陈秋漪两名老队员提出批评，说她们一些细小的毛病一直没改。“你们只要拿出修眉毛、化眼妆的那种认真劲来，每天花个十分钟时间，这些技术上的细节，早就解决了。”他板着脸越说越激动。训完话，已是正午，气冲冲地一人开车，径直回宾馆去了。

中饭都没吃，下午三点照常训练，这是金昶伯对自己的严格要求。

▼ 金昶伯接受媒体采访

这天的训练一直延续到晚上七点左右。训练结束后，金昶伯又留下了上午的那几名队员，继续训话，训了足足半小时。他的脾气一上来，谁也劝不住，谁也不能劝，一劝就是火上浇油。

不过队员们一开始可接受不了他的严格。"老师就好像有三只眼，准能看到队员偷懒的时候，什么都逃不过他的眼睛。"有的主力队员适应不过来，曾当场扔掉球杆不肯练了。他还差点被队员集体"弹劾"。"队员们的思想和我的训练方法还是有很大差异的。"老金说。就连中方的助理教练对老金的一些做法也颇有微词。曲棍球部部长杨超坦言："他刚开始的一些做法，我们从来没有经历过，所以也不是那么容易认同。"

媒体还不时传出老金打骂队员，与上级领导冲突的传闻。比赛时，金昶伯也喜欢在场边大声叫喊。据说，他中文中夹杂的那些韩语，很多是骂人的话。

对于这些质疑和反对的声音，金昶伯这样应答："我要用自己的方式管理球队，我会用成绩说话"，"为了让所有队员按照我的训练思路走，训练一定是很严格的，有时候甚至很残忍。为了达到统一的目标，训练肯定是大强度，队员们也都讲我是一个魔鬼式的教练"。

对"魔鬼教练"这个称呼，金昶伯并不在意，反而对自己的训练方法深信不疑。"队员们都说好的教练肯定不是好教练，大家都说'魔鬼教练'的成绩肯定不差。"接受采访时，老金用韩味十足的中文向记者辩解道，"训练就应该狠一点。"

据说备战2008奥运时，中国女曲一直保持着每天早上练体能，两天跑五公里的训练强度。奥运会前的集训运动量特别大。每次训练结束后，矮矮的三层楼竟成了队员体能极限的挑战。在金昶伯看来，"体能是中国队最拿不出手的一个方面，而体能恰恰是一切技术、战术得以实施的基础”。

训练虽然严格，队员们也颇有微词，但其实并没有超出运动员的承受极限。金昶伯刚上任不到一星期，队员体检发现，他们的肌肉疲劳指数为 3000~5000（正常值为 50~200）。这个数值吓得管理人员赶紧打电话给相关专家，专家说虽然疲劳，但不会有危险，大家这才放心。

“曲棍球项目对运动员的体能、基本功和比赛意识都有很高的要求。世界强队比如荷兰队、德国队等，他们的运动员很小，甚至从四五岁就开始训练，当他们进入国家队时，已经具备了完善的基本功和进攻意识，能够达到胜任正式比赛的要求。但是由于曲棍球运动在中国相对冷僻，中国队员都是从其他项目转过来的，15 岁之后才接触曲棍球，在地方队中又没有经过正规训练，缺乏曲棍球运动员应有的基本功和进攻防守意识，必须尽快补上这一课，加大训练量是唯一可行的办法。而且，曲棍球是集体项目，队员间的配合非常重要，而默契的配合要靠大量的高强度训练才能逐渐形成。”金昶伯这样解释他接手中国女曲队后采取高强度训练方式的缘由。

严格的训练让中国女曲队员的技术和体能有了飞跃性的提升。除此之外，金昶伯对这个团队最深的影响大概就是端正了队员们的态度，塑造了团队精神。也正因如此，这个韩国人将中国女子曲棍球带入人们的视野，带入了世界的视野。

手捧玫瑰的慈父

场上是“魔鬼”，场下的金昶伯却很温和，队员们都说他像是慈父一般。刚来时，看着还是十八九岁的小姑娘，几年的岁月流逝，也都长成了二十五六岁的大姑娘了。对于朝夕相处的队员们，“特别是对那些当初一起熬过来的老队员，还是有特殊感情的。但是肯定不能表现出来，训练就是训练。”这就是“魔鬼教练”金昶伯的“温柔逻辑”。

听到队员说自己凶巴巴的，不喜欢笑，金昶伯私下里也跟记者吐苦水。“以后请记者朋友写到我的时候，用‘喜欢笑’来评价我，”金昶伯曾说，“其实我很爱对别人笑，只不过比赛太严肃，这改变了我的个性。”

“谁说我从来都不笑？不是我不爱笑，是金相烈（中国男曲主教练）太爱笑了，这么一比，你们才总觉得我严肃。”

这一说，大家都乐了。

有一次，金昶伯情绪特别低落，老发脾气。胆子大的队员问他怎么了？他说：“看着你们训练不好，我很伤心。以前，我从来没忘记过老母亲的生日，今年却忘了。直到有一夜梦见了母亲，一查日历，我才发现老人家的生日已经过了。”

忘记了母亲生日的金昶伯很内疚，但他从来不会忘记队员的生日。金昶伯记得每个队员的生日。他为队员买蛋糕，办庆祝仪式。

领队海线说：“金教练从不逛街，只有给运动员买礼物时才会进商店，以前经常给队员送衣服，后来慢慢变成送书。”

训练前，金昶伯还会和队员们玩捉迷藏。如果他输了，找不到队员，训练就改为游戏。队里最常玩的是踢足球。倘若金昶伯这方输了，他就掏钱请队员看电影、吃冰淇淋，或者去姑娘们喜欢的麦当劳、肯德基。

金昶伯对姑娘们就像是对女儿一样，花钱很大方，照顾得也很细致。

去荷兰观摩比赛时，看到外国队员在吃棒棒糖，他就给自己的队员每人买了一根。赛后为了补充营养，他还自己去屠宰场用麻袋背来牛尾、牛蹄，熬夜熬汤给队员们喝。

训练之外，金昶伯从来不上女孩们所在的楼层。他说：“让她们有点自己的空间。” 平时金昶伯还会送衣服、防晒霜之类的小礼物，或者出钱请大家吃饭。

为了方便队员找他，除了睡觉，金昶伯的房门总是敞开着。书桌上经常摆放着两盘零食，他自己从来不吃，这是专门为队员们准备的。

2002 年亚运会上，中国女曲战胜了韩国队，拿到冠军。第一个进球的队员陈朝霞高喊着“老师”，将自己手中冠军选手的玫瑰递给了金昶伯。接着，其他 15 位女曲姑娘也一声声喊着“老师”，将刚刚领到的娇艳的玫瑰花献给了他。

老队员黄俊霞说：“我们是被老师的热情和辛苦感动了，因为老师的努力，队内的凝聚力和团队协作精神明显好于以前。”

捧着 16 朵玫瑰，这个一向以魔鬼著称的男人湿润了双眼，脸上绽放出幸福的笑容。

低调与张狂

虽说在赛场上带领中国女曲取得了突破性进展，金昶伯足以骄傲地说：“我就是金昶伯……得到十三亿人尊敬的金昶伯。”但他却把骄傲止于赛事。

1999 年接手中国女曲的时候，金昶伯就曾承诺，要把中国队带成奥运会冠军。

2008 年奥运会前夕，其他人对赛事结果的预测都闭口不谈。就算谈起，也是支支吾吾、含含糊糊。金昶伯却在大赛之前，“张狂”地声称：“女曲的目标是金牌！”

而事实上，当时的中国女曲，虽然曾夺冠亚运会和世界杯，但其

▲ 金昶伯（前左三）与中国女曲队员参加奥运会总结大会

内部自 2006 年开始暴露出的一些问题一直未得到彻底解决。媒体预测中国女曲在奥运会上即将呈现出的表现时，也纷纷表示——第一，强敌众多，第二，签位一般，能够确保的只有第五名。第五名，也是中国女曲在悉尼奥运会上所获得的名次。如此，金昶伯之言，不可谓不狂妄。

而私下里，背负盛名的他其实很低调。除了教曲棍球之外，金昶伯对其他事情似乎毫不关心。

金昶伯率中国女曲首次打进奥运会，与之相同，米卢带领中国足球队首次冲进世界杯。两人都是外籍教练，在中国体育项目实现历史性突破的征程中立下汗马功劳。不同的是，后者是万众瞩目的焦点，出入各个圈子游刃有余， 广告等商业活动也是应接不暇。而金昶伯的身上却很难看到商业气息，他的眼里似乎只有球队和成绩，难以再看到其他东西。

奥运前期，广告商找上门来，金昶伯一概推掉。“我带着这些姑娘最大的梦想就是奥运会金牌，绝对不能因为任何事情受到干扰。”不知是否正因如此，金昶伯很早就被国家体育总局点名表扬为“最值得学习的外教”。

为中国队赢球

韩国教练在中国执教，金昶伯的地位有时候还蛮尴尬，尤其是中韩两队交锋的时候。不过金昶伯从不手软，他说：“我的目标只有一个，就是为中国队赢球。”

中韩两队数次交手，其中令人印象最深刻的是在两次亚运会上。

自金昶伯正式执教中国队后，经过了两年的调整、磨合，中国女曲在 2002 年到达了一个顶峰。8 月在冠军杯赛上获得冠军，这一成绩将国人对女曲的期望值提到了最高点；9 月的釜山亚运会，老金在自己的家乡遭遇对手——韩国队。韩国队是四届的亚运会冠军，其中两次正是老金带队取得的，在韩国主场卫冕的山呼海啸之中，老金带着中国女曲赢得了第一个亚运会冠军。

“正因为在自己的家乡，这次夺冠比前两次更加令人欣慰。”金昶伯说，因为之前和韩国曲协的矛盾，为了自己的荣誉，为了中国的亚运冠军梦想，他都需要拿下这个冠军。

中国队夺冠之后，面对韩国媒体的指责声，老金的表现依然很职业：“真正的爱国不是带领外国的球队输给自己国家的球队，而是带着别国的球队夺冠。”面对一切是非争执，老金总保持着自己的个性。

4年之后，2006年多哈亚运会上，老金又一次面对韩国队的挑战。循环赛时，在与日本队的比赛中，中国女曲突然如梦游一般，以0∶3不敌日本女曲首遭败绩。按照规则和积分，这意味着对中国队构成最大威胁的韩国队因此被挤出了最后的决赛。

而几天后的决赛中，中国队却有如神助，1∶0干净利落地将日本队斩落马下，成功卫冕。一胜一负的对照引发了“中国队故意输球把韩国队挤出决赛”是“放水”的猜疑。面对记者的一再追问，老金只是笑而不答。

多哈亚运会之后，很多媒体都断言老金这次利用规则“灭”了韩国队，完全是断了自己回韩国的后路。

多哈夺冠之后，老金如愿拿到了第6份执教协议。

当然，说金昶伯心里完全没有韩国队，也不准确。当中国女曲打败韩国队时，他心里也会不好受（那几年在大赛上，中国女曲从没输给过韩国女曲，在北京奥运会上，中国队以6∶1战胜韩国队）。还有人说，听到韩国国歌时，他眼中会有泪花。

金昶伯总说：“体育比赛没有国界，穿着中国队队服，就必须全力为中国队争取胜利。大家各为其主，无需留任何情面”，“养兵千日，用兵一时，你们只需要拿出你们所有的本事，拼命打”。

忘了自己是个韩国人

俗话说，入乡随俗。在中国9年多的执教生涯，早已让金昶伯习惯了中国的一切。讲中国话，吃中国菜，喝中国酒，按中国的习俗待人接物，这些都不在话下。

“这么多年来，我整天和中国姑娘们在一起，彼此在情感上十分融洽，我已完全不觉得自己是一个韩国人了。只有在中国上飞机出示护照时，我才会想起，我原来是一个韩国人。”

每天跟中国队员打交道，金昶伯的中文听力成绩已经可以得90分了，表达能力他给自己70分，高于及格分，因为他一般的交谈可以不带翻译。

金昶伯好酒，最喜欢喝的就是中国的五粮液和茅台。

2000年春节，金昶伯在广州看到当地人盛行给亲友派发红包，他便学了过来，给女曲队员、教练组成员，甚至陪练的男队员都派发红包。红包里有钱，还有一封信，“信里的内容大都是关于队员的身体、思想情况，比如今年受伤了，一定要注意好好恢复啊。钱数不多，只是个意思。”金昶伯轻描淡写地说。实际上每个红包至少三百元，差不多50个，对他而言也不是个小数目。

汶川地震时，中国女曲正在德国参加冠军杯赛。得知地震灾情的金昶伯在回中国后马上取出10万元，让领队海线帮他捐出去。这可是他当时三分之一的存款。有记者问他为什么这么做时，他说这不算什么，当年韩国金融风暴时，自己还将家中所有金银首饰和金牌都捐了。

“现在中国的情形和当年韩国差不多，你们中国不是有句话叫‘国难当头，匹夫有责’吗？我们全家都生活在中国，是中国人民养活了我一家，我尽一点心意不是完全应该的吗？”

整天和队员们在一起，金昶伯其实很少有时间和家人在一起。也多亏他有个贤内助，一个只有支持没有抱怨的家庭，他才能一心扑在事业上，带领中国女曲走向世界。

在担任中国女曲主教练的日子里，金昶伯一次也没有在家中过过春节。强化训练 8 个月，金昶伯在北京的家里只待过 3 个晚上。年仅 9 岁的小儿子说："想爸爸就是肚子饿的感觉。"

而他的妻子朴京美从来没有抱怨过，只有担心，担心丈夫的身体状况。

"毕竟也有些年纪了，每天工作量这么大，不注意的话很容易就会把身体累垮。"虽然好酒，但在妻子的劝诫下，2007 年 8 月 8 日，在北京奥运会开幕式那天，金昶伯郑重宣布：我决心戒酒。

"那时我过了 50 岁，晚上如果喝酒，第二天头脑不清醒，会影响训练，这样不行，一定要下决心戒酒。"

朴京美颇为感慨地说："不喝酒对他的健康的确是件好事。但对我们家人来说，就少了很多乐趣。老金这人，平时看上去严肃，但三杯酒下肚，情绪马上兴奋，会开心地讲笑话。"

金昶伯的大儿子和女儿都是清华大学的毕业生，大儿子读生物学，女儿读中文。他还希望女儿将来能嫁给中国小伙子："因为中国小伙子疼人。儿子嘛，最好还是找韩国人，要是找了中国女孩，大男子主义可就不好使了。"

他还说过，他的教练生涯，打算在中国结束。

谁知，一语成谶。

和平“分手”，前缘难忘

2008 年 12 月 8 日，国家体育总局手曲棒垒球中心宣布，不再与率领中国女曲在北京奥运会上摘得银牌的韩籍主教练金昶伯续约。

对于最后没能续约，中心表示是为了下个周期建设的考虑。一方面综合考虑各方面意见，另一方面也是中心与金教练协商的结果。

金昶伯当时也表示，能够在北京奥运会夺得银牌之后，功成身退，是个完美的结果。对于下一任中国女曲主教练而言，这也将为下一个奥运周期准备创造很好的环境。

金昶伯不再执教中国队的消息传出后，国外多支球队、国内省市队伍都向他伸出了橄榄枝，其中就包括他的祖国韩国。金昶伯当时虽然没有透露去向，却明确表示，自己不会那么早就回韩国执教。“毕竟带中国队这么多年，与韩国队是老对手，在感情上还接受不了”。

当时金昶伯给自己的未来规划只有两个字——充电。他将参加国际曲联的讲师培训班，学习更先进的理论知识，一年后再回到教练岗位。

而当记者问道“是否还会回中国执教”时，他只是表示会在中国队需要的时候给出一些个人的建议。

金昶伯说：“听说中国体育界从来没有一个外籍教练能连续参加三届奥运会。连续三次带队参加奥运会，我好像是唯一的。中国有句俗话——天下没有不散的筵席，虽然有很多不舍，我想这对大家都是最好的选择。

“北京奥运会的银牌虽然不能让我最终满意，但是，这样的分手应该还算是完美，感情上我很舍不得，但是生活还要继续。”

卸任后的很长一段时间内，金昶伯仍生活在中国。由于当年来中国执教时毅然决然卖掉了韩国的房子，离任后又不能再使用曲棒垒球中心租用的房子,金昶伯就在北京望京地区贷款买了一套房子,与妻子、孩子和老母亲生活在一起。“首尔地价上涨，当年那套房子，我早就买不起了。”金昶伯笑着说。

2011 年接受记者采访时，金昶伯的大儿子和女儿已经相继从清华大学毕业，大儿子去了韩国服兵役，女儿开始了中国的工作，小儿子则在北京上高中。

“我的小儿子准备回韩国上大学,我把中国政府‘友谊奖’证书作为孩子申请大学的材料,让他们了解我这个父亲在中国受到了这样的肯定。”

离开中国女曲之后，金昶伯有一段时间曾应上海市体育局邀请到上海执教。老金心中依旧忘不掉中国国家女子曲棍球队。每当有女曲的比赛，他总会抽出时间，到现场当球迷。

“洋校长”雷蒙

上海世纪大道 1555 号，陆家嘴黄金宝地有一栋 15 层高的建筑掩映在林立的高楼之间。走近一看，你会发现它墙面上紫底白花的校徽，和几个方正的大字——上海纽约大学。没错，这所大学没有围墙，浦东新区就是它的校园。如此独具一格的校园风格，它的校长也不简单。美方校长杰弗里·雷蒙（Jeffrey Lehman），密歇根大学原法学院院长，第 11 任康奈尔大学校长，漂洋过海来到中国，先后在北京大学国际法学院（以下简称“北大国际法学院”）和上海纽约大学办学从教。

中国情缘

1997 年，雷蒙还是密歇根大学法学院院长。同年 10 月，当时的国家主席江泽民访问美国，与时任美国总统克林顿会面，双方认为要加强中美法律领域的交流。于是，美国 4 所大学（耶鲁、哥伦比亚、斯坦福、密歇根）法学院的院长应邀于次年访问中国，同中国法学界展开交流。

“那是我的第一次中国之行。坦率地说，那次访问彻底改变了我的生活，甚至我对世界的看法。”从那之后，发展同中国的关系，尤其是推动两国法学的交流，成了雷蒙工作的重中之重。

雷蒙和中国的关联还不仅止于此。

2003 年，雷蒙正式出任康奈尔大学校长。康奈尔大学早在 1879 年就开设了第一门汉语课程，20 世纪初更是成为最受中国留学生欢迎的美国大学。从这所学校走出的，有中国第一任驻美国大使，同时也是该校第一位中国留学生施肇基，有“新文化运动”的主要倡导者胡适，中国语言学先驱赵元任，杰出的桥梁工程专家茅以升……

雷蒙担任康奈尔大学校长期间，康奈尔大学与北京大学、清华大学、中国农业大学等高校开展了成效显著的合作。

2005 年，在美国联邦最高法院肯尼迪大法官的倡议下，北京大学、北京外国语大学共同发起成立了“中美法律与政策联合研究中心”，雷蒙担任首任主席。他说：“作为发起人之一，我很高兴能被委此重任。我们的目标很清晰，就是为中美两国的法制建设和法学教育提供良好的服务。”

培养跨国法律人才

北大国际法学院的成立，便是雷蒙推动中国法学教育这一想法的一次大胆尝试。

2007 年，北京大学副校长海闻前往纽约找到雷蒙，商量创办北大国际法学院的事情。

“虽然我喜欢中文，但我不是中国专家，甚至不会中文。”一开始，雷蒙有些犹豫，但最后还是被海闻说服了，成为北大国际法学院创院院长。

“这件事情让我感到非常激动。”对于当时的情况，雷蒙记忆犹新。

创办院校，师资是最大的问题。雷蒙最初的计划是先以访问教授为主，请世界各地顶级专家前来讲课。等学院有一定的国际知名度以后，再邀请常驻教授加入。然而，出乎意料的是，学院成立没多久，就有世界知名的专家教授与他联系，表达自己常驻任教的意愿。

最早与雷蒙取得联系的是香港城市大学的马培德教授。马培德教授在国际法方面颇有建树，是欧洲著名的学者。听说雷蒙创建北大国际法学院这件事之后，他第一个给雷蒙发邮件毛遂自荐。一年后，雷蒙又收到了来自欧洲著名学者施耐德的邮件。施耐德是《欧洲法律专刊》的创始人，他在邮件中表示，愿意成为北大国际法学院的一名教师。

教师队伍顺利开始搭建，但如何让这些外国专家在中国安心工作，雷蒙和他的团队可是费了不少工夫。

“我们的团队每天都在设想，他们来到中国之后将会面临什么样的挑战。这些困难和问题，我们怎样解决。”

当时，每一位新入职的外籍教师都会收到一个“欢迎包裹”，里面包括手机、地图、交通卡等必需品。原来，这是北大国际法学院专门组建的双语行政人员团队为他们准备的，正是他们在努力理解外国教授的难处，并设身处地为他们着想。有了这个包裹，外国专家就能够及时地向家人报平安，而且还可以更便捷地游览深圳。

每一个来到国际法学院的外籍教师都会向雷蒙表示，行政团队服务周到，他们在这里生活得很舒适。“他们在这里工作生活得舒适，回国之后会告诉更多的人，这样我们的学校就会声名远播，就会源源不断地有专家教授前来授课。”雷蒙解释道。

2008 年秋天学院开学之后，雷蒙每年几乎有三分之二的时间都在中国，与学生和同事分享创业所带来的挑战和快乐。

“这里已经成为我的家，中国的经历使我的人生变得更加丰富多彩。”

截至 2016 年，北大国际法学院已引进 70 多名世界法律顶尖人才担任行政和教学职位，这其中包括耶鲁大学法学院前副院长、密歇根大学法学院终身教授，以及哈佛大学终身教授等人。

在北大国际法学院创建之前，中国内地大学法学院的优秀毕业生因为不拥有法学博士（J.D.）学位，而无法进入跨国企业担任律师工作。雷蒙在深圳带领他的团队，在首次引进 J.D. 模式，在培养跨国法律人才方面开展了一次全新的尝试。

2011 年，雷蒙因其突出贡献荣获中国政府“友谊奖”。

培养跨文化融合人才

2012 年 8 月 15 日，上海纽约大学正式挂牌成立，这是国内第一所具有独立法人资格的中美合作大学。雷蒙凭借他在美国康奈尔大学和北大国际法学院办学的经验，成为上海纽约大学美方校长的不二人选。

上海纽约大学是一所提供四年制文理科通识教育的综合性研究型

大学，从诞生之初就肩负着培养跨文化融合人才的责任。同时，上海纽约大学还将与纽约大学阿布扎比校园、纽约校园共同组成纽约大学全球系统中的 3 个具有学位授予权的门户校园。这里的学生将在跨文化氛围中与来自中国和世界其他国家的知名教授及优秀学生共同学习。

2013 年下半年，上海纽约大学迎来了第一届学生，由于校园还在

▼ 雷蒙接受媒体采访，介绍跨文化人才培养经验

建设中，师生们此前一直在华东师范大学租来的临时教室上课。2014年年初，校园建筑完工，8月，上海纽约大学正式搬入位于浦东陆家嘴的新校园。与国内常见的大学不同，上海纽约大学教学和办公都在一栋15层高的大楼内，建筑面积达6.5万平方米，由此获得了"垂直大学"的雅称。

"这种感觉非常奇妙，就像看着一个初生的婴儿开始蹒跚学步一样。2014年我们不仅有了新家，还迎来了第二届学生。第一届学生本来是学校的'独生子女'，现在有了学弟学妹，这些孩子突然意识到自己的新责任，因此他们都尽心尽力帮助新入学的同学。这一年里，整个学校都发生了有趣的转变，很多工作都是第二次展开了，这感觉很不一样。总之，我们逐渐成长起来，不再是个'小婴儿'了！"

"我们的教职员工非常国际化，差不多一半是美国人，有来自康奈尔大学、西北大学等名校的老师，还有美国国家科学院的成员。同时还有来自英国、以色列、俄罗斯、法国等国的教授。我们很幸运，因为上海纽约大学是世界顶尖大学——纽约大学的一部分，又坐落在国际大都市上海，因此吸引了很多好教授。本是美国纽约大学的教授，现在也搬到上海来了。"雷蒙说。

上海纽约大学对海外华人学者也有着独特的吸引力。"康奈尔大学的陈兼，是研究中国近现代史的顶尖历史学家，他曾主动打电话给我，问上海纽约大学需不需要他过来。西北大学的陈宇新教授也在上海纽约大学成立后就来了，美国那边让他回去他都不愿意，说在上海很开心。他们都是在中国长大的，但已在海外多年，上海纽约大学为他们提供了回到故乡的机会，所以这样的海外华人应该也是我们的重点发展对象。"雷蒙不无自豪地说。

上海纽约大学首届新生入学仪式上，雷蒙告诉这些"敢于放弃那些别人梦寐以求的名校，而选择来帮助建设这所刚刚成立的大学”的年轻人，上海纽约大学要把他们培养成“出色的学习者，对事物充满好奇，并且懂得如何去加深自己对事物的认识”，培养成“有创造力的世界公民，能在不同文化不同背景的人群中游刃有余”。

“我们的目的不是要给你们我们的智慧，不是要给你们我们的知识，也不是要告诉你们某个正确答案。”谈到教学理念，雷蒙说，“创造者、发明者和领导者不可能靠背诵和记忆别人的答案来创造、发明和领导。他们必须掌握为旧问题给出新的、更好的答案的能力，必须掌握能及时发现旧答案已经不合时宜的能力，因为世界是在不停变化的。”

雷蒙希望上海纽约大学的实践能够帮助来自不同国家的学生们互相了解对方的文化，消除文化差异所造成的误解。要想在不同文化间畅游无阻，学生们最需要的就是抛弃寻找标准答案的想法，“学会如何去判断问题的重要性、表达的准确性，辨别答案的对与错，了解选择某一种答案所产生的结果，最终学会如何去做选择并承担后果”。

比如，学生应该怎么称呼他这个校长呢？“雷蒙校长？Jeff？雷蒙教授？老雷？”其实这本没有标准答案，每个人的选择都代表了自己的思考。但是，也不是说所有的答案都是无边无际的，“喂，你！”“雷蒙老头！”这样的称呼，显然就行不通。“哪怕学生取巧地叫一声：‘你好’，然后开始和我讲话，我也会根据你的这个选择来做出我的判断”，雷蒙的思维总是那么活跃。

为了让学生能在生活学习中切实体验多元文化，雷蒙刻意强调了不同的生源渠道的重要性，为来自不同文化背景的学生提供实践环境。据雷蒙介绍，上海纽约大学学生中有一半是中国人，一半来自其他国家。而且该校规定学生一天中有一部分时间跟自己文化背景相同的人进行交流，另一部分时间与不同世界观的人进行交流。学校还给每一个中国学生分配了一个外国室友。每天强调开拓自我的重要性，要求所有学生都能够熟练使用中英文，还要求学生阅读不同语言不同文化背景的著作。

雷蒙非常重视跨文化教育，他认为：“有效的跨文化教育应该是结合思考与行动的。要让学生既会想也会做，需要创造一种既让学生能学习跨文化的知识，并且让他们对跨文化有深刻认同感的环境。”

具体的跨文化教育实施，需要依靠一套完整的课程体系，包括与这一主题有关的直接或间接联系，包括一些间接的方法，包括最基本的语言学知识以及阅读文学巨著。雷蒙认为：“只有这样才能保证学生们能够学到全方位的知识，促使他们更为谨慎地思考自己的认知方式，以及这种方式是否与他们的文化背景相关。这需要学生思考如何改变这一问题。”

创新能力与通识教育

2013 年 7 月，雷蒙的著作《乐观的心》（*An Optimistic Heart*）在北京首发。在书中，他详细地讲解了自己对于创建创新型大学的理念，并认为，创造力最关键的，是需要勇气。

“我们的情感告诉我们遵照先例，人云亦云，因循守旧是比较保守的做法。如果我们只是重复，也是比较保险的做法。如果你提出一些新的东西，则有可能遭遇尴尬甚至羞辱，这就要求我们要勇于承担创新的风险。”雷蒙说道。

在雷蒙看来，中国的基础教育层面，大多倾向于教小孩子做一个乖孩子，听老师和家长的话。而成年人创新需要有创新的勇气，要抓住机会提出创新的想法，即使是错的。

同时，中国所推崇的研究型大学和培养创新型人才并不矛盾。他认为，一所好的研究型大学知道怎么样培养学生这种勇气和创造力，把听老师话的被动学习，转化成锻炼学生主动学习的能力。

而这样培养出来的学生，也恰恰是社会所需要的。“实际上那些需要创造型人才的企业，都会跟研究型大学互进。等学生一旦毕业，企业会迫不及待把学生招到门下。”雷蒙办学，始终贯穿这一理念，将大学视为创新氛围的提供者和催化剂。

除了跨文化教育和创新教育，通识教育也是雷蒙在中国的教育实践的重心。

“职业教育就像一束激光，明确、有力、实用却难免非常狭窄，好的职业教育在现代社会也许能满足学生未来 10 年的就业需要。然而世事多变，这种目的明确的教育对一个人的有用性会随着时间的推移衰减。立足于通识教育的本科教育，就算三言两语说不清具体的用处，却为学生整个人生做知性与德性的准备，对学生实现个人价值的帮助也不分职场内外，这种教育对人生具有全方位的、永不过期的价值。”

与雷蒙所认为的应当教育学生“没有标准答案”的思维一样，雷蒙眼中的通识教育也是同样的，“没有一个完美的模型”。

通识教育是什么？为何如此重要？雷蒙的回答是：它是一个合格人才最基本的素质。

“我们看 Facebook、Google 的人才，他们都不仅仅是只能干几件专业上的活儿，而是有很多别的领域的知识、见解，他们把这些想法带到工作中，为解决问题提供新的角度，所以才能够创造奇迹，改变现代生活。再看世界 500 强的 CEO，几乎都接受过‘通识教育’，他们的专业是哲学、历史、数学……没有谁大学一开始就学商。

“人们曾错误地认为，通识教育就是广泛教育，不实用。错！通识教育是一种教育方式、学习方式，来帮助学生学习怎么冒‘知识风险’，让学生用批判性思维有深度、有广度地思考，从而孕育新的想法。它与专业学习并不冲突：你可以学数学、神经科学、化学……但我们在专业领域往深里学的时候，通识教育保证你不是一个很狭窄的人。”

“优秀学生都不仅仅想得到一个工作，而是希望成就一番事业。从22岁毕业，到退休，中间有很长的一段时间。如今技术发展日新月异，‘窄’的专业技术更新换代得非常快，人们需要的是更高层次的知识，也就是通识教育来帮助你面对变化。”

在雷蒙看来，理想的大学通识教育应该尤其重视课程、知识间的结构关联和学习的整全性。很多人或许以为，通识教育就是自由地选择课程，但其实这里的“自由”并不是随意的选择，因为雷蒙认为“比选择更重要的是教育的要求和标准”。“学生只有通过具有结构和次第等一系列规定性的学习，塑造人格，扩展心智，从而才有可能获得独立思考的‘自由’”。而这一系列的考虑，包括美德、中西、古今，三个层面。

雷蒙的美德教育目标归结为一条就是“自我认同并被他人认可”，具体包括：将心比心的胸怀，谦虚谨慎的态度，慷慨大度的气魄，一往无前的勇气，真诚无私的情操，探索未知的渴望。

“对下一代的美德教育确实非常不易，可是现代社会如果学校不努力承担起这份责任，难道还有更好的办法吗？”雷蒙将这项艰巨的任务视为大学教育的责任所在。

他要求学生直接阅读经典而不是二手转述的教材，因为直接倾听那些伟大人物自己的语言将会带来完全不同以往的触动。比如，很多学生上大学后对思想政治类课程都怀有抵触情绪，因为同样的课程从

▲ 雷蒙（左三）与他的外籍专家团队在北京大学国际法学院

小到大都上过好几遍了。但他们或许完全没有接触过原文，没有直接接触过思想的缔造者，翻译中的缺失很可能直接导致了他们的偏见。

直接阅读经典，向人格化的榜样学习，也有助于实现雷蒙所期望的“美德教育”。“要通过承载着思想的语言去接近背后那个‘人’。把握住了‘人’，道理才不至于空泛或走向极端”。

思想性原典读不进去，那我们就来演出吧！雷蒙设计的热身环节就是让学生演习古希腊著名悲剧《安提戈涅》。这部戏剧的选择很巧妙，讲述了杀父娶母的俄狄浦斯王后来的家族纷争，承载了自然法与习俗法之争的重大张力，作为西方古典思想的火种，启蒙精神十足。而悲剧本身的动人力量又将这一切放大。雷蒙自豪地说："这种做法很有收获，尤其是对中国学生而言，他们因此变得自信、自强，还开始严肃地思考重大问题。虽然这种'打开方式'非常西化，却创造了通识教育得以有效施展的绝佳契机。"

除了中西内容和教育方式的平衡，古今经典在课程中所占的比例，也是雷蒙思考的问题。他曾和复旦大学的教授们讨论："复旦通识教育的模块设计中更多的是古典还是现代的内容？" 复旦大学给出的答案是：用成规模、成体系的古典方向的通识课程来调理急功近利的"现代病"已渐渐渗入了复旦的精神。

这与雷蒙的想法不谋而合，从他开设的课程"全球视野下的社会与文化"中，阅读文本包括亚当·斯密、荀子、墨子、康德等人的著作就不难看出。

"每个学校都应该为自己的学生悉心打造最适合他们的教育方式，给予他们必要的知识、技能、美德，从而使他们能够经历有价值、有贡献的人生"雷蒙沉思道。

中国令我惊叹

从 1998 年首次访华到现在的近 20 年间，雷蒙来中国早已超过 100 次。

对这近 20 年在华的感受，雷蒙用"令人惊叹"一词概括。谈及中国在吸引国际顶尖人才方面的举措，雷蒙说道："只要你足够优秀，你就可以在中国施展才华，并且创造不一样的成绩。这是中国向世界传达的信息。”

由于文化差异所造成的隔阂，雷蒙在来华之前，在目睹中国的巨变之前，更多的是从西方人的视角来看待中国；只有来到中国后，他才对中国有了更深、更准确认识和了解。

雷蒙最惊叹的，是中国加快转变发展方式，坚定不移地倡导可持续发展，推动绿色增长。“我所到之处，都可以切身感受到对可持续发展的重视和实践。在中国东部的深圳，市民都普遍树立起建设资源节约型、环境友好型社会的意识；在西部新疆的达坂城，绵延 28 千米长的亚洲最大、世界第二大风力发电厂更是令人震撼。这对一个国家保护环境、实现长远发展意义重大。”雷蒙不无惊讶地说。

同时，中国对世界的影响也在进一步扩大，除了经贸往来，中国文化元素也更深入美国社会。在美国的中学，学习中文的学生人数增长率近年一直大大高于其他外语的学习者。雷蒙说：“周围很多朋友的子女都在学中文。我自己的女儿也在学习中文。”

而自己在中国的亲身经历，更是让雷蒙感受到了中国政府对教育的高度重视。

不论是在北大国际法学院还是上海纽约大学，雷蒙都认为“中国有着大批很有潜质的学生”，他们可以为中国的经济发展提供强有力的人才支撑。

外界对中国高等教育有着种种质疑，雷蒙并不能完全认同。在中国多年参与高等教育的实践经历告诉他，中国有着十分优秀的学生群体，特别是他们中的许多人在理科学习方面很有能力，且很专注、很勤奋，求知欲望也很强烈，这就意味着中国的大学生能够从一个较高起点出发，从事更高水平的学术研究，并能够有着更高的学术创造能力。

毋庸讳言，中国的高等教育的确存在多种问题。作为国家外国专家局建言专家，从 2012 年开始，雷蒙不但自己积极参加而且推荐诺贝尔奖获得者等外国专家参与向中国国家领导人建言献策活动，围绕中国高等教育发展、创新型人才培养以及中国经济金融问题提出国外借鉴和对策，得到了中国国家领导人和中国政府的高度肯定。

“大庆白求恩”莉莉娅

2015 年 7 月，一封来自国家外国专家局的邀请函，被送到大庆眼科医院一位俄罗斯医生的案头，内容是邀请她参加 9 月 3 日在北京举行的阅兵观礼。这位深受中国政府尊敬的俄罗斯老人，就是 76 岁的波波娃·莉莉娅·安娜托利耶夫娜（Popova Liliya）。她手捧邀请函，泪水湿润了眼眶。她知道，中国人民没有忘记她，中国政府更是记得她对中国做过的贡献。

莉莉娅是一位俄罗斯眼科学教授，从事眼科临床及科研工作 50 余年，曾获苏联“劳动奖章”“共和国功勋医生”等光荣称号。1998 年，受俄罗斯人民友谊大学的派遣，莉莉娅来到黑龙江省大庆眼科医院工作，任俄罗斯专家组组长。18 年来，她以帮助患者恢复光明为己任，并成功为 20 余万例眼病患者解除痛苦。

在华工作 18 年来，莉莉娅与东北结下了深厚的友情。她曾获得大庆市“十五”期间最具影响力十大人物、“和谐之星”、“大庆市荣誉市民”、“感动黑龙江十大人物”提名奖、“引领大庆——时代英模”、大庆市“十大巾帼名医”等光荣称号。她还被誉为“大庆白求恩”“来自俄罗斯的光明使者”，更是被当作了大庆人的朋友和家人来看待。2005 年，莉莉娅荣获中国政府“友谊奖”，这是我国政府授予在华有突出贡献的外国专家的最高级别奖项。

“大庆白求恩”

受身为医生的姨妈影响，莉莉娅对救死扶伤的医生职业从小就有浓厚兴趣。从哈萨克阿拉木图国立大学毕业后，她从事眼科临床研究已 50 余年。先是 1966 年供职于哈萨克眼病科学院，任眼科医生。1977 年任哈萨克眼病青光眼及眼底病研究所主任。1981 年在哈萨克国家中心医院任眼显微外科主任。

1998 年，莉莉娅舍弃了与家人共享天伦之乐的时光，率领第一批俄罗斯专家组来到中国大庆眼科医院。她说，希望在有生之年，能利用自己的专业知识和手术刀，为全世界更多的眼病患者带去光明，她想把自己国内的技术带到中国来，造福中国深受眼疾困扰的病患。18 年来，她不仅带来了先进的眼科治疗技术和临床经验，也带来了她对中国人民的拳拳深情。

莉莉娅率领专家组为大庆眼科医院带来了治疗疑难眼病的三项新技术。第一项是后巩膜加固术。1998 年以来，莉莉娅亲自主刀，为

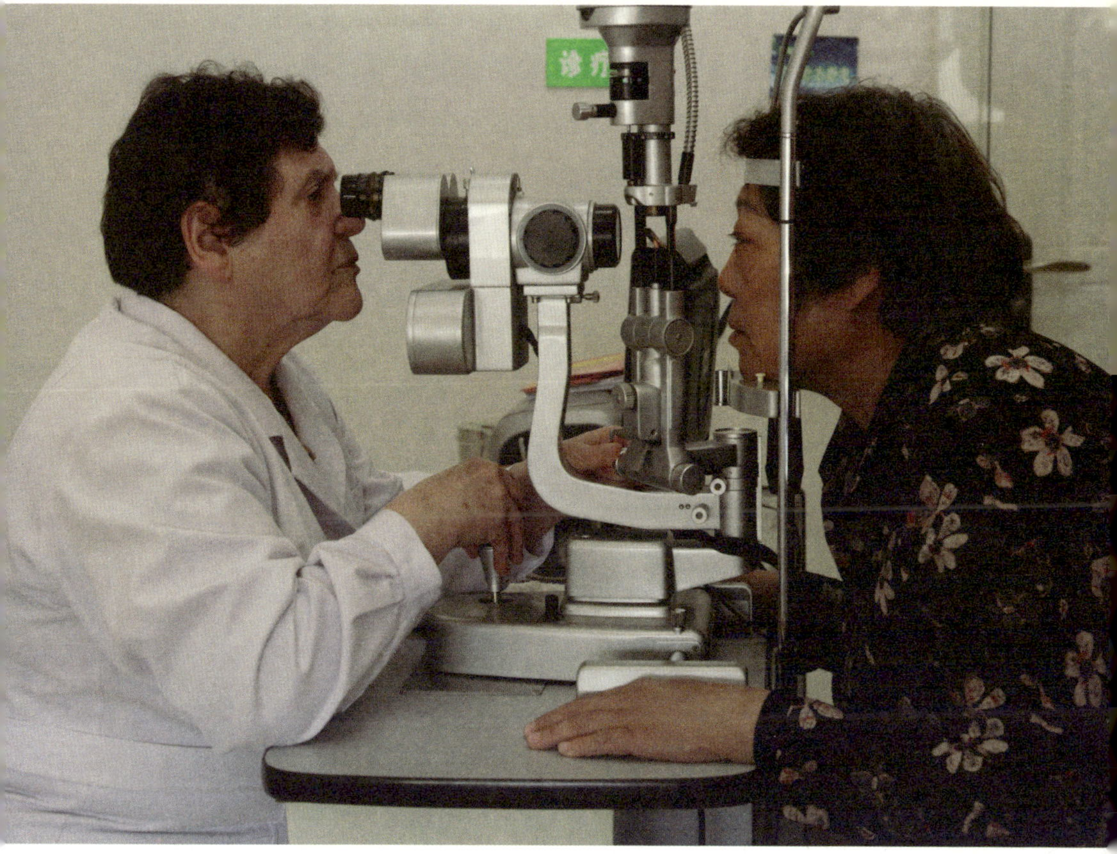

▲ 莉莉娅（左）在给病人看病

2000 多名患进展性近视的青少年做了后巩膜加固术，有效地预防和延缓了这些青少年患者近视的发展。第二项是独家引进血管接通术和淋巴吸附治疗视网膜色素变性技术，填补了我国这方面的空白。第三项是生物刺激技术，这是一种治疗黄斑病变的新的治疗方法，目前已经成功为 100 多位患者做了这种手术。

十多年前，后巩膜加固术在大庆还是个新技术，很多人不相信近视进展能得到有效控制。莉莉娅给医生们讲理论课，给医生们做示范。莉莉娅的真诚和耐心，首先感动了大庆眼科医院的一名医生，这名副主任医师自己就患了近视，他勇敢地站出来说："我先做这个手术，给大家做个试验。"当时还有一位大庆的中学生韩玲玲也接受了莉莉娅所做的后巩膜加固术。玲玲患了进展性近视，眼睛近视每年增加 100 度。这可愁坏了玲玲的爸爸妈妈："孩子一年就得换一副眼镜，

▲ 莉莉娅（右）与同事分享她在中国获得的荣誉

再过几年眼睛还不完了。”两例手术都非常成功，莉莉娅带来的后巩膜加固术也得到了医生和患者的认可。

莉莉娅治学严谨，不但是一位眼科专家，还是一位著述丰富的学者。她曾著书 5 部，在俄罗斯和世界著名的眼科刊物发表有影响的论文 30 多篇，取得了丰硕的研究成果。来到大庆眼科医院后，她非常热心开展学术交流、研讨，把她多年的研究成果毫无保留地教授给年轻的医生们，为医院的科研和医务人员的医疗技术提高倾注了满腔热血。

有人称莉莉娅为“大庆的白求恩”，但是莉莉娅更喜欢别人叫她“老太太”，她觉得这样叫显得格外亲切。

“如果你蒙上眼睛，来回走几趟，就能体会到眼病患者的痛苦。”这是莉莉娅经常对大庆眼科医院医护人员讲的一句话。医生不仅要有丰富的知识和经验，而且要学会倾听患者诉苦，亲身体会患者的痛处，心甘情愿地去帮助他、拯救他。

对待工作，莉莉娅作风严谨扎实、精益求精。她常说，手术刀下不但是一个小小的眼球，同时也是一个人对生活的全部希望。莉莉娅为一批批患者解除了病痛的折磨，当赞许的目光向她投来时，她仍旧不忘自己的使命：“在这里，能帮助更多病人重见光明，就是我最大的快乐！”

洋大夫的低“怒点”

在大庆，大家都知道眼科医院有一个患者“点击率”很高的俄罗斯女医生。很多眼病患者专门找她看病，每当她出诊，诊室外面就排起了长队。她连续工作时间最长，医治的患者最多，占全院门诊量的 50% 以上。因为大家都知道这位洋大夫对待病人一视同仁，而且没架子，从不以外国专家自居，对待每一个患者的病情都认真负责，而且医术高超，所以大家都抢着找她看病。

虽然面对病人总是满面春风、和蔼可亲，但是对一件事，莉莉娅还是会板起面孔，那就是“走后门”。

在大庆眼科医院，谁也不愿意领熟人找莉莉娅看病，怕莉莉娅不给好脸色。莉莉娅说：“熟人、生人到这里来，都是我的病人，对熟人就认真、精心，对陌生人就马虎、凑合，那是对我人格的侮辱。”

院长有一次介绍熟人给莉莉娅，随口一说：“这是我的朋友，请一定给好好看。”每次遇到这种情况，她都十分生气地问对方：“你的意思是，我没给别人好好看？”莉莉娅不理解在中国看病为什么要找熟人，她不允许有人看病插队。在她的心里，所有的患者都是她的朋友，不能让患者不用等待就可以得到自己的帮助，她已经很内疚了，如果还有人胆敢插队，那么就触碰到这位和蔼老太太的“怒点”了。

莉莉娅从医50余载，她其实只在做一件事，就是努力对得起病人。一次下班，一瓶药留在了她的办公桌上——显然是患者落下的。莉莉娅看到后，脸红着说：“莉莉娅不好，莉莉娅不好。”在她的思维里，是她没有照看好患者，才让患者有了这样的失误。

医院给莉莉娅配备了助理和翻译，但是这位“大庆的白求恩”对自己要求很严，很多可以交给助理来完成的工作，莉莉娅都亲力亲为，因为她觉得，与病情相挂钩的事情，自己作为医生就要尽心尽力，能自己来的就要自己来。

大庆眼科医院院长说：“在这位外国专家的身上，我看到了一个人对事业的热爱和追求，那份责任感和荣誉感，十分值得我们学习。”

眼科医院及大庆之最

来华18年，由最初的语言不通，到现在可以看懂汉语电视剧；从刚来中国的日夜思念家乡，到现在把大庆当做第二个故乡，反把他乡作故乡，莉莉娅对中国的感情，已经融入了骨髓里。2008年，北京奥运会开幕，莉莉娅也和全国人民一起激动着，用她的话来说就是兴奋得“连呼吸都困难！觉得幸福极了……”

刚到中国的10年间，莉莉娅连续在中国度过了9次春节，而像自己国家的新年反倒全部在异乡度过。莉莉娅走遍了大庆的每个角落，也去过中国的很多地方。每到一处，她都会用摄像机拍摄下中国的锦绣风光，并说要带回俄罗斯去给自己的家人和同事们看……

莉莉娅把自己对中国的喜爱融入了工作中，全身心地投入到治病救人的事业之中。到大庆眼科医院工作后，莉莉娅连创医院及大庆之最：是来大庆眼科医院工作最早的外国专家，连续工作时间最长；她行医走过的地方最多、行医路程最长，足迹遍布大庆市五区四县；她医治的患者最多，18年来达20多万人次，占全院门诊量50%以上；她是大庆获得中国政府“友谊奖”的第一人；1998年抗洪时，她是第一位为灾区捐款的外国专家，还不顾个人安危，到灾区为受灾的百姓看病；她是大庆“十五”期间最具影响力人物中唯一的一位外国人。此外，在“5·12”汶川大地震中，莉莉娅情系灾区，在第一时间为灾区捐款人民币1000元。

对待患者，莉莉娅善于体察对方的心态，常换位思考，以患者的心态为患者治疗。一次，眼科医院开展“光明万里行”送医下乡活动，当来到大庆市大同区农村义诊时，莉莉娅收治了一名叫武萍的乡村女教师。这名患者左眼几近失明，莉莉娅认真地为她做了检查，初步确诊为葡萄膜炎导致的并发白内障、瞳孔粘连。莉莉娅看着面容憔悴的女教师，怜惜之情涌上心头，于是把她带回医院，自己出资为她做了手术。术后第二天，武萍的视力就达到了 0.1，第四天达到 0.5。一个月后，满面春风的武萍老师在亲友的陪伴下送来一面锦旗，上面用俄语写道：“是您带来光明，使我又登上讲台，衷心感谢教授，中俄友谊常在。”

萨尔图区的朱凤琴老人 70 岁了，患有青光眼，女儿和女婿工作都很忙，女儿好不容易请了假，才陪母亲去了医院。莉莉娅了解她的情况后，对老人说：“以后我每周去给您检查一次吧。”在此后的两个多月时间里，莉莉娅每周都会登门为老人免费诊治，而往返乘出租车的费用，都是她自己负担。朱凤琴老人非常感动，每逢节假日，总是让女儿把莉莉娅请到家里来，两位老人像亲姐妹一样，其乐融融。

莉莉娅经常与其他医务人员一起，参加扶贫济困“光明万里行”活动。有时，大冷的天，临时诊室就设在又是烟又是土的土坯房子里，村里人都受不了，可莉莉娅一坐就是一天，常常忙得连饭也顾不上吃。遇到生活困难的老乡，莉莉娅就会自己掏钱替老乡交医药费，这对她来说已经习以为常。

18 年来，莉莉娅就是这样感动着工作在她身边的人，感动着她亲手治疗过的并且重见光明的广大患者以及他们的家属，也赢得了大庆市民的尊敬和爱戴。闲暇时候逛街，路上的行人经常会指着她说这是莉莉娅，大庆眼科医院的医生。小孩子也会和她打招呼，每当这个时候莉莉娅都觉得特别开心。莉莉娅说：“能被患者需要，我觉得很充实。当患者通过我的治疗重新看到光明，我会发自内心地开心。”莉莉娅不止一次对中国同事说：“当你帮助一个人时，这个人的微笑，就是对你最大的承认、感谢和奖赏。”

“这里有太多我放不下的东西”

“一生浸润着普希金诗歌的博爱，也深谙孔子仁爱思想的精髓。前苏联功勋医生，白皮肤的眼科专家，让黄皮肤患者眼睛里有了多彩世界。家在邻邦俄罗斯，奉献中国大庆人。” 这是大庆人对莉莉娅医生的评语。

莉莉娅常年往返于俄罗斯和中国，俄罗斯有她的家人，而中国有需要她的病人。从 1998 年离开自己的家人，莉莉娅先后十余次来中国工作，在中国的总时间已达 18 年之久，乐观开朗的莉莉娅有时也会想家，想念儿子和孙子们。每当这时，她便会弹起那首哀婉动人的《月光曲》，把自己思乡的心情全部运于指尖，随着悠扬的旋律一起流淌。

2014 年 1 月，莉莉娅再一次惜别中国，暂时离开工作的城市大庆，回到家乡俄罗斯去。就在已经订好机票，将择日启程的时候，莉莉娅还是希望在离开之前，即使是飞机起飞之前，尽可能多地接待一名患者。因为莉莉娅的声望很高，许多病人都是慕名而来，她成了一个“高点击率”的医生。因为患者多，平时正常工作时，莉莉娅都没有正常下班的时候，她总是在最后一个患者得到正确的治疗意见和指导方案之后，才会脱下她那件白大褂，嘴角挂着满意的笑容离开诊室。

虽然暂时离开了大庆，但是和每次回家探亲一样，莉莉娅待不了几天，便会辗转难眠，她想念中国，牵挂那些等待她医治的患者，于是，又很快回到中国。“中国大庆已经成了我的第二故乡，这里有太多我放不下的东西。”她说，这里留给她印象最深的就是代表着大庆精神的铁人王进喜，她看了许多关于铁人的资料，非常佩服铁人那种坚强刚毅的精神。其实，莉莉娅的身上何尝不具备同样的精神！的确，这里有太多她放不下的东西，她会一直在这里工作、生活，帮助更多的患者重见光明。

2005 年，莉莉娅被中国政府授予“友谊奖”。谈到自己获奖后的感受，她说：“我是既高兴又忧愁。获得奖励，说明中国人民对我很友好，患者很喜欢我，得到奖后甚至会幸福地流泪，觉得自己的努力得到了回报，但同时责任也更重了！”

2016 年 5 月，莉莉娅获得了中国永久居留权，手握“中国绿卡”，她热情而激动地说：“在中国行医的这 18 年，我过得非常幸福，我们的医院就像一个大家庭，这个‘绿卡’来之不易。我爱中国！”

诚如她自己所言，眼科医院就像一个大家庭，她与大庆人民早已缔结下深厚的友谊。“我早把大庆当成了自己的第二故乡，这几年我亲眼目睹了她的变化，感情也渐渐地融入了这片土壤之中。我爱这里的人民，爱这块土地，更爱我的医院和患者……”莉莉娅深情地说。

商学院创办者雷诺

中欧国际工商学院（简称中欧商学院）是由中国政府和欧洲联盟于 1994 年合作创办的高等管理教育机构。这所年轻的商学院作为唯一一所由中外政府合作创办的商学院，在短短的 20 多年时间里就发展成为亚洲领先、世界一流的商学院。在中欧商学院成功的背后，一位西班牙专家功不可没。他就是创业学教授佩德罗 · 雷诺（Pedro Nueno）。

雷诺是中欧商学院欧方院长与共同创始人之一。他曾在哈佛、密歇根等多所大学任教，是杰出的商学院创业者和管理者，曾引领全球5所商学院跻身国际一流名校行列。自1994年以来，雷诺一直担任中欧商学院学术委员会主席，为学院的国际化发展和学术标准奠定了基石。并从各方面为学校筹集教育捐款，为学校成功跻身全球10强商学院立下汗马功劳。他在商业领域的贡献还得到了西班牙政府的屡次表彰，不仅获得了西班牙政府颁发的国民成就奖章，还获得了西班牙加泰罗尼亚自治区政府颁发的圣乔治十字勋章。

商学院“传教”之旅

风云激荡的20世纪60年代，雷诺第一次接触毛泽东的著作，虽然这在当时的西班牙还是禁书，但雷诺仍专程跑到法国买下著作，这些书使他首次接触当代中国领导人的思想理念。1973年，哈佛大学商学院博士毕业之后，雷诺受忘年交弗兰克·福尔茨教授的影响，开始热衷于在世界各地创建商学院。而他早年在西班牙参与创办的IESE商学院，有力推动了本国的企业发展。

在接下来的几年里，这位热忱的西班牙人远渡重洋，将自己的商学院“传教”之旅扩展至葡萄牙和拉丁美洲。很快，他将筹建商学院的目光投向中国。20世纪80年代，雷诺担任欧洲管理发展基金会副主席。当时，他经常和同事们讨论，美国在二战后将管理教育引入了欧洲，为什么我们不能先于美国人将工商管理教育引入中国呢？这个想法得到了国家经委和欧共体的支持。1983年初，经过近两年的谈判，中欧双方就在北京联合举办MBA班达成共识。

当时，中国正被改革的大潮所席卷，求贤若饥，求知若渴，先后

▲ 2014 年，雷诺荣获“功勋外教”称号，在当天的“国际化人才之路论坛”发表演讲

与美、日、法等国建立了 10 个企业管理培训中心。雷诺作为一名创业学教授，将在中国创办中欧商学院也当成自己的一次创业。不仅为其制定了详细的发展规划，甚至连 MBA 和 EMBA 的具体实施方案都展示给上海市长看过。中欧合力，逐渐凝聚了一批金融商业人才。

然而，建设初期，商学院项目建设并不是一帆风顺。中欧商学院成立十年的时候，在北京惨淡办学的团队，被迫迁至上海。“我还记得，开学时，全校只有 30 名 MBA 学员。校园没建好，只好借上海交通大学的教室，作为临时教学场所。”雷诺回忆道。

而如今，中欧商学院仅上海校区，就在 4 万平方米校园的基础上，又扩建了 3.6 万平方米的建筑。2010 年 4 月，占地 3.3 万平方米的中欧商学院北京新校区，已经落成并将投入使用，这让雷诺很开心。

“在最糟糕的情况下，你都要意识到自己的潜力。即使当时只有那么小的规模，但我仍然认为中欧商学院会有很大的潜力，最后，我们做到了。”1994 年至今，除了国内教育项目的生根结果，中欧商学院已经开始走出中国，面向国际。学院在上海、北京、深圳、加纳阿克拉和瑞士苏黎世 5 地设有校园或教研基地。迄今，已有遍布全球 70 多个国家的校友 19000 多人，并为逾 13 万人次的海内外中高层管理人员提供管理培训。

“拖家带口”搞创业

雷诺第一次来到中国，感觉北京和自己童年中的巴塞罗那简直“完全一样”，这让他很有亲近感。而作为全球范围内最早一批研究“创业学”并身体力行的学者，雷诺的经历也充满了创业色彩。

早年，出自西班牙平民家庭的雷诺，住在巴塞罗那的贫民窟。他家的附近有个火车站，过往的都是拉煤车，附近还有很多专门产煤的工厂。“那个地方到处都是烟，天都是黑的，每个煤矿工人都穿着制服，下班骑自行车回家。”这个在贫民窟中长大的少年，对红色中国充满了好奇，对中国历史非常感兴趣。但在当时，西班牙政府要求所有国民断绝与共产主义世界的联系。然而，雷诺却偏偏带着一股逆反情绪，通过“地下手段”弄来了一本法语版的《毛泽东参考》，津津有味地读了起来。

回忆起当年偷看毛泽东书籍的故事，雷诺记忆犹新。“你不能阻止人们去学习。”他说，“如果当时被政府发现了，我肯定要去坐牢的。但是现在，一切都放开了。”

到哈佛攻读博士时，拖家带口的雷诺，生活十分拮据。毕业前夕，为了提前给家人订到便宜的机票，他甚至为自己尚未分娩的孩子提前“确定”了性别。“在当时的医疗条件下，我们无法判断快出生的那个孩子是男是女，但又必须替这个孩子订机票。不定性别，就没办法订到便宜的机票。” 这一次，雷诺“冒险”猜测自己的这第三个孩子是男孩，还顺便为自己尚未出世的“儿子”起了一个名字。

拮据生活的一点一滴，都深深刻印在雷诺的心里。几十年过去了，童年和青年生活的不易，依旧时时提醒着雷诺幸福来之不易。

然而，尽管生活并不宽裕，雷诺依然怀抱着创业理想，遨游知识的海洋，并且身体力行践行着创业精神。“每个人都对社会负有责任，而不仅仅是纳税。”雷诺说。

洋“雷锋”投身中国创业

尽管已年过花甲，雷诺仍不停穿梭于多国之间，引进教育资源，提供基础教学设备，为中欧商学院的发展尽心竭力。

“别看他都六七十岁了，每次十多个小时的长途飞行，几乎都不倒时差。”中欧商学院的员工袁梅为雷诺充沛的精力感到惊讶。他经常往返于巴塞罗那与上海两座城市之间，一下飞机，便一头扎进中欧商学院的办公室。

在中欧商学院一楼的大厅里，摆放着十几张材质上乘的西班牙进口木桌椅，很少有人知道，这些桌椅，都是雷诺亲自拉来的赞助，从西班牙空运而来，为学员的学习与交流提供便利。中欧商学院的电梯也是雷诺拉来的赞助。他曾亲自跑到一家瑞士电梯公司，软磨硬泡，得到了对方捐赠；教室的窗户，则是西门子在法国的一个生产商免费为中欧商学院打造的。

1984 年，雷诺第一次来到北京。他看到了经济起飞中的中国，以及改革开放所隐藏的巨大潜力，“当时，很多外国人都不了解中国，认为这是个危险的国家。但当你来到中国之后，和中国的政府、学生交流，你可以感觉到，中国其实也想要追求繁荣，可那个时候很多国家并不知道这一点。”建立工商学院的动机由此埋下。

学院初创阶段，欧盟给予的资金十分有限，中欧商学院项目还很小，而彼时的中国，很少有人知道 MBA 为何物，师资匮乏。雷诺在不得已的情况下，只好拜托自己的教授朋友“客串”临时教师，教授商业课程。为了支持中欧商学院项目的发展，中国政府借了一栋楼供管理中心使用。“每天走进这栋楼的时候，都会担心这楼是否会突然塌掉。”中欧商学院的老员工回忆道。

在雷诺的努力下，中欧商学院的很多设施都没有花钱，这使得其得以将重心投资到工商教育之中。“我不认为这是在求人，因为这对他们（设备赞助企业）也是有宣传效应的。”雷诺说。由于企业的免费捐赠，中欧商学院可以在一定程度上降低学员的学费，这使得更多有抱负、有志向的年轻人能够热情投入到商业管理的学习中来。

多年来，雷诺凭借一己之力，就为中欧商学院拉来超过 1 亿元的赞助。他牵线搭桥，发起了中欧商学院和世界一流商学院之间的第一个学术交流项目。

但是，作为院长的他，在中欧商学院工作二十多年，却没领取过一分钱工资。连往返中国和西班牙的机票，都是他自掏腰包。谈论起中欧商学院近年来的成就，雷诺谦虚地说："这是团队的功劳，不能算在我一个人的头上。我只是在做我喜欢的事。"

"谁能想到它能发展到今天的样子呢？"对比中欧商学院的变化，雷诺不无感慨地说。

"加速奔跑"，胜过"闲庭信步"

"通常，在中欧商学院，做决策与实施决策之间的间隔时间很短。有时，当我身处中欧商学院校园时，我发现自己总是下意识地在会议和活动之间飞速穿梭，而不是闲庭信步。"谈起自己在中欧商学院的工作状态，雷诺颇有感慨。"看样子'奔跑'是中欧的常态。如果学校的主要员工都在奔波劳作,那么毫无疑问这个学院将会发展得很好。"雷诺认为，这种激情也是中国快速发展的重要原因之一，"现在美国和欧洲的经济发展趋于平缓，原因在于人们的激情大不如前了。"

除了工作状态高度紧张，中欧商学院的多元文化特点也是促使其获得成功的原因：中欧大部分的教授都毕业于国外名校，为课程讲授带来了丰富而新鲜的血液。

很久以前，雷诺就开始了对中国经济的关注。在亚洲金融风暴发生前一年，雷诺预见到了即将来临的危机。在几位中国同事的帮助下，他给朱镕基总理写了一封信,阐述自由汇率将会给中国带来金融泡沫，危害中国经济，建议中国一定要谨慎对待人民币汇率开放。他的这一建议后来被证明是正确的。

2008年北京奥运会举办前夕，雷诺帮助中国在西班牙巴塞罗那成功举办了“北京·巴塞罗那奥运晚会”。在他的影响下，西班牙政府和企业为中欧商学院提供了大量资金和物资赞助，西班牙国王、首相及其他知名人士纷纷来访并发表演讲。对中国企业，特别是中国民营企业的发展，他一直用心跟踪研究，并不断将吉利、比亚迪等企业在经营过程中碰到的问题和成功的经验作为案例，注入中欧及西班牙IESE商学院的教学，以便让更多的人了解中国。他还在欧洲管理发展基金会（EFMD）发起设立了一项名为“来自中国的新兴全球竞争者”的案例大奖（该奖项已被命名为“佩德罗·雷诺奖”），目的就是为了鼓励有关中国企业案例的开发。

雷诺本人的执教足迹遍布哈佛、沃顿、密歇根、麻省理工、斯坦福等多所世界顶级商学院，现在他仍担任哈佛商学院的校董。这些经历，为推动中欧和世界顶级商学院之间的合作，引领并指导中欧跻身世界一流商学院发挥了积极的作用。目前，中欧已经分别和哈佛、沃顿、欧洲工商管理学院等顶尖院校达成合作协议，如“中欧－哈佛－IESE”合作CEO课程，EMBA全球模块的沃顿之行。

中欧国际工商学院，俨然已成为一个让雷诺感到骄傲的“孩子”，而中国也成了他实现创业梦想的“故乡”。每每有机会，他总是乐意向别人推介中欧，推介中国，义务充当“推广大使”。

发布新书，指点迷津

除了创办中欧商学院，雷诺也在专业领域孜孜不倦地研究，笔耕不辍，为全世界范围内年轻的创业者们做出范本。他曾于1993—2000年担任国际管理学会会长，2000年至今，担任副会长。他的研究领域跨度极广，包括创业学、私有化与企业整改流程管理、行业联盟、合资企业与收购、技术与革新管理以及国际化进程等等。他出版的专著已有十余部，包括《企业的起死回生》《光与影——企业创新》与《创业》等。

2016 年 1 月，雷诺的新书《初创者——致青年创业者的信》在中国面世，雷诺再一次与中国广大的创业青年面对面传授经验。继《企业的起死回生》之后，这是他的第十四本专著。雷诺新颖的视角和写作方法，将一个个鲜活的创业案例以创业过程中各方利益相关者之间的电子邮件的形式呈现在读者面前，生动地阐述了青年人创业过程相关的重要问题，并一一做出解答。

在《初创者——致青年创业者的信》一书中，雷诺以新企业的发展周期为主线展开叙述：从创业之初的寻找商机、起草商业计划、为公司估价、寻找资源、创建并激励团队、维系投资者和早期客户良好关系，到业务运营阶段不断调整商业模式适应新的发展，再到创业成功后寻找新的挑战，层层递进，细加分析。书中案例，都是源自雷诺教授创业学中的真实案例，涉及汽车、服装、金融等多个行业领域。他用电子邮件这种常用、高效的形式将商业创业知识传递给广大读者，为众多商学院师生、初创期和成长期的青年创业者指点迷津。

“在国外，有个好的点子，就可能获得 20 万、30 万美元的风投，但在中国，投资人希望明确看到这个项目会盈利才会投资，而被投资者也更喜欢追求数额较大的投资。”在雷诺看来，这是中外创业氛围很大的不同之处。

▲ 2007年，雷诺（左四）和到访中欧国际工商学院的西班牙政府第一副首相一起与MBA学生座谈

“玉兰”花开，“友谊”结果

雷诺对中欧商学院的投入为每个同事所铭记，同时，他也因为创业中欧商学院而名满商界教坛。他对中国国际化高级管理人才培养及高等教育发展所做出的杰出贡献，赢得了中国人民的尊敬、爱戴和褒

奖。2004 年，雷诺获得上海市政府颁发的“白玉兰纪念奖”；2007 年，获上海市政府“白玉兰荣誉奖”；2009 年，荣获了中国政府“友谊奖”。

2009 年，正值中欧商学院校庆 15 周年。在人民大会堂举办的中国政府“友谊奖”颁奖大会上，雷诺教授等外国专家受到了国务院总理亲切接见。雷诺是当年度工商管理教育领域唯一一位获奖专家。

“中欧国际工商学院将国际管理教育的理念与中国的价值观很好地结合。在校庆 15 周年之际，我们期待着中欧商学院在中国和世界上取得更进一步的发展。”颁奖典礼结束之后，雷诺在发表感言时动情地说。

雷诺认为，“友谊奖”不仅仅属于他个人，更属于整个中欧商学院，“教职员工经过多年努力把学院建成世界领先商学院，这个奖项正是中国政府对此的最佳认可”。

每年，中欧商学院学员的毕业典礼，就是雷诺最为开心的时候。“在毕业的时候，我们能看到中欧商学院的学生们澎湃的激情，这种激情是我们在美国和欧洲的商学院看不到的。” 雷诺在中国工作多年，指导了无数创业项目，也培养了不可计数的创业才子。他使创业精神和商业潜力真正在中国这片热土落地生根。“如果说，我们中欧商学院在全球有什么优势的话，我认为，就是在正确的地方——中国、在正确的时间段内——经济高速发展的年代，做了中欧商学院这个事情。”雷诺不无骄傲地说。

汉学家马克林

“在中国戏剧史上，扬州是个令人很感兴趣的城市，因为它极清楚地表明了盐商赞助戏剧所带来的影响。然而，我选择给予扬州特别的注意，还有更为客观的原因：除了北京之外，仅有扬州留下了足够的资料，其中最重要的是李斗的《扬州画舫录》。”

这是《京剧的兴起》第三章片段，讲述扬州的戏剧。读到这样一段文字，你或许很难想象，这竟是出自一个外国人之笔。

是的，本书的作者就是柯林·马克林（Colin Mackerras），来自澳大利亚的当代中国研究的国际权威学者。他的主要研究领域包括澳中关系、当代中国政治、中国在西方的形象、中国戏剧等。听戏，到中国的大江南北游历，既是他的学术工作，也是他的生活。

五十年前爱上中国

马克林选择汉学作为自己的研究方向最初其实是受了母亲的影响，而此后，中华文明的灿烂瑰丽深深地吸引了他，并留住了他。他不仅选取了唐代历史中的“安史之乱”完成了自己在剑桥大学的论文，还在1964年与妻子一道，自荐来华执教。

50多年来，他已来华60多次。

当年，马克林还在墨尔本大学念书时，澳大利亚政府在堪培拉设立了一系列鼓励学习汉语的基金会，并提供了一项亚洲研究奖学金，用以资助致力于亚洲研究的年轻学者。

“而我母亲认为，中国对澳大利亚将会非常重要。”说起这番话时，马克林仍旧十分感激母亲当时的先见之明。

二十世纪五六十年代，对于大多数澳大利亚人来说，中国还只是一个陌生而遥远的东方国家，到过中国的澳大利亚人更是屈指可数。那时马克林一定没有想到，自己日后将踏上这片只在书中见过的土地，而自己的儿子斯蒂芬·马克林（Stephen Mackerras）会成为中华人民共和国成立以来在中国出生的第一个澳大利亚公民。

在母亲的支持下，马克林踏上了汉学研究之路。从墨尔本大学毕业后，他前往英国剑桥大学继续深造。中华历史源远流长，而马克林最感兴趣的是唐代历史中回纥人帮助唐肃宗平定“安史之乱”，并以此题完成了他的论文。尔后，因为对唐代历史的浓厚兴趣，马克林还在澳大利亚和美国出版了《新唐书》和《旧唐书》的英译本。

从剑桥大学硕士毕业后，1964 年，马克林决定亲眼看看自己在书中读到过的那个世界，便和妻子来到了当时的北京外国语学院（现为北京外国语大学）任教。那时，中国还尚未与澳大利亚建立外交关系。

那年 10 月 1 日，25 岁的马克林在天安门广场参加新中国成立 15 周年国庆观礼。现场火热的气氛深深感染了这个“老外”：“当时我很激动，一切都是那么新鲜。”

新鲜劲过去之后，席卷而来的却是与书中世界不同的陌生感，还有身体上的水土不服。不过年轻气盛的马克林没有退却，而是积极主动地去适应这个他其实很熟悉的国家。

1966 年，马克林教学合同期满，不得不返回澳大利亚，但他并没有停止对中国的研究。1973 年返华前，马克林在澳大利亚国立大学远东历史系担任研究员，深入研究中国历史、文化、戏剧等。多年对汉学的研究使得马克林成为澳大利亚汉学界的权威人士。1974 年，马克林被格里菲斯大学创办人委任为现代亚洲研究院创立教授，因为创办人认为亚洲研究十分重要。后来，汉语教学在澳大利亚大学中迅速普及。现在，大多数澳大利亚大学都设立汉语教学课，过去并不常见的有关中国历史、经济和社会的课程，现在也已经相当普遍，几乎每所大学都有相关课程。

“当初决定来中国是受母亲影响，此后的生活，中国也像母亲一样影响了我。”马克林慢条斯理地说。

再度回到中国的马克林可谓如鱼得水，他切身体验到不断发展变化的中国，并将其转化为自己一个又一个研究课题，包括中国少数民族、中国传统戏剧、中国在西方的形象以及澳中关系等。

通过研究和著书，马克林一直致力于向澳大利亚和世界介绍他眼中真实的中国，消除世界对中国的误会。他还拍摄了大量关于不同历史时期中国的实景照片，反映了50多年间中国的巨大发展和社会变化及其感受。

如今，马克林已出版学术专著43部，代表作有《变化中的中国》《中国少数民族与全球化》和《1900—1949年中国的变化》等。

“我希望我的著作能够帮助更多的西方人，更好地了解中国。同时，我也希望中国文化能够在世界广泛传播。”他也因此在澳大利亚获得了多项荣誉，1999年当选澳大利亚人文科学院院士，先后荣获1999年澳中理事会颁发的“杰出贡献和成就奖”、2007年澳大利亚政府颁发的“澳大利亚一等功勋奖章”、2012年“澳中关系杰出贡献奖”等等。

2014年，新中国成立65周年，马克林获得中国政府颁发的“友谊奖”，这是外国专家在中国获得的最高荣誉。

马克林也格外珍惜这项荣誉：“早在50年前，我就爱上了中国，我总是尽力做一些对中国有益的事情。‘友谊奖’证明了我在中国工作的价值，这也是我人生的理想之一。能与来自世界各地的专家共同获得如此高的荣誉，我感到无比自豪。”

“今天，我们很高兴地邀请到了格里菲斯大学的马克林教授。1964年，马克林教授首次赴华任教。半个世纪来，马克林教授60多次访华，在亲历中国发展进步的同时，孜孜不倦地向澳大利亚和世界介绍中国的真实情况。特别值得一提的是，马克林教授的儿子斯蒂芬是中华人民共和国成立以来在中国出生的第一个澳大利亚公民。可以说，马克林教授以不懈努力和真挚热情，为两国人民相知相亲搭建起一座桥梁。今年9月，马克林教授荣获中国政府‘友谊奖’。我要对你及众多澳大利亚人士为中澳友好做出的贡献，表示诚挚的谢意！”2014年11月17日，中国国家主席习近平在澳联邦议会发表演讲，

▲ 马克林（后排左一）、马克林夫人艾丽斯（前排右一）和长子史蒂芬与中国同事在一起

在演讲中习近平专门介绍了受邀出席演讲现场的马克林教授，对他在增进中澳双方相互理解方面所做出的杰出贡献给予高度赞扬。

我眼中的中国

自1964年第一次来到中国，马克林见证了中国这些年来日新月异的变化。在他看来，中国最大的变化主要体现在三个方面：经济、思想和外交。“中国的经济不断增长，人们越来越富裕。人们的思想言论也越来越自由，行为也更加自信。”马克林深有感触地说。

而中澳在经济合作方面的联系也仍在不断加强。作为澳大利亚最大的合作伙伴，中国正在不断发展，并且不断在澳大利亚投资，在马克林看来这对澳大利亚的经济是很有益处的。“中国经济发展正从投资驱动向消费驱动转型，在新常态下，中国经济增长更稳健，城市化进程稳步展开，民众的消费需求更丰富，而这为澳大利亚出口提供了更多的机遇。”马克林说。

自两国自贸协定于2015年年底生效以来，澳大利亚牛羊肉、海鲜、葡萄酒等产品不断出口至中国各大城市，自贸协定对澳大利亚经济和澳中双边关系发展的积极作用显而易见。

同时随着中国人的思想变化，越来越多的年轻人选择走出国门。马克林说，在澳大利亚学习的中国学生远远超过了其他国家的学生，同时也有很多澳大利亚学生来中国学习。学术研究、艺术、文化方面，中澳合作交流也越来越多。

作为国际知名汉学家，马克林现在仍是中国人民大学讲座教授、中国人民大学澳大利亚研究中心特聘专家，并经常去北京外国语大学、四川大学教授澳大利亚战略、澳大利亚学等。2007年，北京外国语大学还授予其“终身荣誉教授”称号。对于自己所教授的中国学生，马克林是这样评价的：“中国学生普遍很勤奋，比澳大利亚学生更勤奋好学，尊敬老师，喜欢大家互相帮忙，但是思想会更加严肃一些。”

▲ 马克林（中）与江苏省苏州昆剧院演员合影

而外交方面，马克林认为中国的和平主旋律在不断改革，更多地和外界交流。

1972年12月21日，中国与澳大利亚正式建立了外交关系。作为最早来中国的澳大利亚人，马克林见证了澳中建交给两国人民带来的种种好处。他说：“在澳中没有建交之前，澳大利亚人要来中国很麻烦，澳大利亚工党上台执政后采取了对华友好政策，澳中建交也就顺理成章。从此，澳大利亚人要来中国方便多了。1973 年我返回中国，4 年后又带了一批澳大利亚学生来。此后，我每年大部分时间都生活在中国。”

但是在不断发展变化的同时，中国也存在一些亟待解决的问题。他说：“我看过 1964 年的中国，也看过今日的中国。进步已经十分巨大，但也还是有一些问题。”

从一个在华几十年的澳大利亚中国研究专家的视角，马克林指出了当代中国存在的最主要的问题：环境恶化、反腐倡廉、贫富差距等。

环境问题众所周知，雾霾袭击全国，冬季尤甚。除此之外，马克林认为河水污染也很严重，“但中国政府正在积极治理”。第二个问题是政府的反腐倡廉问题，也在很明显地朝好的方向发展。而最棘手的则是贫富差距、社会公平问题。“我觉得中国正在尝试解决这个问题，我也希望这个问题得到解决。”马克林说。

我想介绍真实的中国给西方

对中国了解得越多，马克林越认识到西方与中国之间存在的误解。他很愿意以亲身体验告诉那些怀有误解的人，其实真实的中国是这样的。

“过去的 50 年，我非常感激中国和中国人民。我由衷佩服中国人民克服众多困难所取得的巨大成就。”通过一张张亲手拍摄的照片，马克林向世界展示了中国社会 50 年的历史巨变。他表示，半个世纪以来，他本人对中国经历了由陌生到融入的变化，澳大利亚和中国的关系也从存在偏见与误解、缺少交流发展到现在的关系密切、交往频繁，他很愿意把真实的中国介绍给西方。

马克林眼中真实的中国，源于他不断深入地体验中国文化。他常去剧院欣赏中国京剧；也会和友人一起去四川卧龙，抱着熊猫拍照；去青海的藏族村庄，看村民跳锅庄舞……

马克林认为："中国在西方人眼中的形象很大程度上取决于西方人本身，也就是西方人能否准确客观地认识中国。"

研究早期，马克林比较注重从古今历史演进的角度谈西方人眼中的中国形象。近来，他则更侧重于向中国人介绍西方人眼中的中国形象，以及他对这些形象形成原因的分析。在《我看中国》一书中，他分别从不同的历史时段、不同角度（如经济、人口政策、思维方式）介绍1949年以来中国在西方的形象。

以美国为例，1949年前，西方报道当时所体现的，是"一个符合美国精英利益需求的中国"，虽然也有斯诺那样"宣扬成长中的中国共产党"的报道。而随后的1949年至1971年间，因为冷战影响，"中国的西方形象总体上来说是负面的，且大部分时期是由负面形象主导的"。20世纪80年代，中国在西方的形象才开始有所好转，变得朝气蓬勃、自由、多元。

"部分西方国家不顾中国的实际国情和客观现实，过分放大中国存在的问题，弱化甚至抹杀中国所取得的发展成就，在一定程度上造成了西方对中国的片面认识和误解。"马克林认为，要提升中国在西方的形象，关键仍在于西方。他们应该从中国的实际出发来认识中国，而不是根据本国政治、军事等方面的需要。

同时，马克林也认为，中国自身也应积极走出国门，为改善西方对华印象做出努力。

作为澳大利亚格里菲斯大学旅游孔子学院的首任外方院长，马克林认为建立孔子学院就是一条很好的途径，“因为这体现了中国在传播文化方面所作的努力，也满足了西方国家了解中国的需要。现如今，中国在世界经济体系中，地位日益提高，很多西方国家都希望加强对中国的了解，尤其以中国为最大贸易伙伴的国家”。

除了政府的努力，民间交流对于树立良好的中国形象也至关重要。马克林认为，应该重视留学生和游客在其中发挥的作用，“民间的交流和互动对于西方人更直接地了解中国人、中国文化和社会大有裨益”。近年来，随着中澳交流的不断深入，赴澳求学和旅游的中国人数量日益攀升，这正是良好的契机。而来华的澳洲旅客数量也在增加，“正是中国深厚的历史和文化深深吸引着澳大利亚游客，所以旅游对促进两国民间交往非常重要。”不过马克林提到了一个中国人出游需要注意的小细节——学着安静一点，“特别是在餐馆的时候，大家通常会很吵，有时候会喝醉，这不太好。”

除了把中国介绍出去，宣扬更加全面真实的中国形象，马克林更多的其实是“想带动更多的西方人来中国走一走、看一看”。

“爱心妈妈”马珍妮

马珍妮（Betty Jane Marcum）女士来自美国堪萨斯州，是美国儿童教育专家。自从 1994 年来到中国之后，先后在郑州大学升达经贸管理学院和郑州轻工业学院任教。这位年逾古稀的美国专家，已在中原大地扎根 20 余年。她不仅致力于教育事业，长期受聘为英语外教和客座教授，也热心公益，收养孤儿，为河南的慈善事业尽心竭力。善良热忱的马珍妮，被大家亲切地称为来自美国的“爱心妈妈”。

初到中国，成为“焦点”

马珍妮成长在美国的堪萨斯州，为人祖母的她已与丈夫携手走过50余载，育有一儿一女，并有4个可爱的孙子。作为美国教育学硕士，马珍妮在家乡工作已逾20年。20世纪90年代，她初次来到中国执教。这一干，就是20余年。

“20年前，通过美国很多媒体的报道，我对中国逐渐产生了好奇感。”马珍妮说道。20世纪80年代，正值中国改革开放的初期。对外渠道逐渐开放，中国以自信的姿态走向国际舞台，也欢迎外国友人前来中国。生性喜好旅游的马珍妮，立即做出了一个决定：到中国去，看一看这个历史悠久的神秘国度。她说做就做，立即收拾行装前往广州和桂林。

习惯了西方生活方式的马珍妮初到广州，对一切都感到陌生。“在广州街头，我看到一位年龄很大的老人，我直视着他，冲他微笑，没想到，这位老人同样用非常灿烂的笑容回应了我。就在那么一瞬间，我对中国的陌生感突然消失了，我感觉这是一个非常美好的国家。”回忆起自己初到中国旅行的小细节，马珍妮心中充满了感动。

虽然只是简单游览，但这次在华旅行使得马珍妮对这个国家的感情逐渐加深，为日后到中国长期工作奠定了基础。谈起自己对当时中国的印象，马珍妮客观评价道：“我认为，当时的中国还有很多东西有待完善。比如，商店货物的摆放次序特别杂乱无章，商品没有归类，洗衣粉竟然和西装摆在一起销售。一个柜台后面竟然坐着十多个售货员。他们只是坐在那里，喝着茶，聊着天，显得特别散漫，根本不理会顾客。”马珍妮认为，与现在大都市人们生活的快节奏相比，那时的人们都捧着“铁饭碗”，吃“大锅饭”，生活节奏缓慢，明显轻松许多。

"到桂林的时候，因为那时来中国的老外特少，所以我走到哪里都是焦点,很多人都围着我看,连上个厕所都困难。"马珍妮笑着回忆道。回想起初到中国的经历，她并不感到困扰，反而感到很愉快。中国的发展、人们的热情，很快使她爱上了这个广袤而新鲜的国家。

潜心执教，与豫结缘

谈及这些年在河南的生活和工作感受，马珍妮满脸微笑："我喜欢河南，喜欢河南人，他们特别友好。为此，我愿意留在这里！"她将自己对中国变迁的深刻理解和诚挚情怀写成了文字，发表在《世界之窗》杂志上。

1992 年，马珍妮开始为中国的希望工程捐款，资助中国的失学儿童。继而她又萌发了一个更加宏伟的愿望——亲自来到中国河南执教。

马珍妮与河南的缘分，来源于她的一片深情。在美国，她有两个中国朋友，恰巧都是河南人。他们出身贫寒，但踏实肯干，在美国取得了不错的成就。两位朋友对马珍妮说，他们的业绩，来自刻苦求学和努力奋斗，同时也来自许多好心人的慷慨相助。他们还告诉马珍妮，在他们的家乡中国河南，还有更多的人在等待着帮助。马珍妮被这两位朋友的话深深打动，开始了对河南的关注。恰在此时，计划设立外国语系的郑州轻工业学院及时向马珍妮送去了橄榄枝,邀她前来任教。

马珍妮在美国的教师收入是每个月 4000 多美元。在河南任教，每个月只有 2500 多元人民币，两者条件相差甚远。并且如果来华，她还需要提前在美国退休，她的退休金也会大打折扣。远离家人，独自一人来到陌生的国度，马珍妮的家人和朋友对此都无法理解，一致表示希望她重新考虑。郑州轻工业学院一而再，再而三地发出邀请函。

马珍妮被学院的诚恳和热情所打动。她感恩轻工业学院的知遇之恩，出于发自内心对中国教育的热忱，终于在1994年秋，再次踏上中国土地，来到了中国河南。她的家人被她的精神所打动，丈夫乔治也由开始的反对转而全力支持。“那里非常需要你，你应该去！”丈夫鼓励她道。

当初，在来到轻工业学院的外教中，有的已回国，有的还没到中国，马珍妮进学院的最初一段时间，校园中只有她一个外国人。学校担心她孤独，特意跑到市里邀请很多外国朋友，给她举办了一个特殊的欢迎会，使大家互相之间建立起友谊。在节假日，学校还专门派人陪她到开封、洛阳等地，让她感受中原文化。

“刚来到郑州，我感觉郑州的交通特别好，路上的汽车比现在少得太多了。”然而在生活上，珍妮还是需要逐渐适应饮食习惯。“我刚来的时候，郑州根本没有纯正的西餐店，也没有肯德基或者麦当劳。”马珍妮说。美国人喜欢吃牛肉、蔬菜沙拉，离不开番茄酱和黄油，可是那时候的郑州，想买到这些东西也需要大费周折。她的很多中国朋友都会帮她努力在郑州市面上寻找，力所能及地给予帮助。

马珍妮潜心投入教学工作，每年都根据课程特点和学生水平精心选择教材，编印讲义，送给学院，为学院的外国专家教学开创了新的途径。2000年，她深爱的丈夫在刚做完心脏搭桥手术之后，又被诊断为膀胱癌，需要马上动手术。马珍妮作为妻子，渴望能守在丈夫身边，悉心照顾他。可是她又想到，远在东方还有数十名孤儿和几百名学生，正翘首以盼，期待自己归来。于是，丈夫的病情刚刚好转，马珍妮只在家中做了短暂料理，就匆匆地回到了河南，继续自己的教学任务。“当时，给重病的丈夫唯一能做的安慰就是每天通过互联网联系，越洋传递我的爱，我的心一遍遍地祈求上帝保佑我不幸的丈夫平安……”

马珍妮有些愧疚地回忆道。

爱洒新密，创立“慈善之家”

1996年7月8日，一封来自农村女孩的求救信辗转到了马珍妮手中。在信中，女孩带着绝望和企盼的心情写道：“我是一个刚满14岁的女孩，下有一个12岁的妹妹，和一个6岁的弟弟。今年4月18日下午，在村沟里刨石头时，我的父亲不幸被砸死，母亲双腿被砸断……有时我简直想到了死。可想到仍在床上呻吟的妈妈无人照顾，年幼的弟弟又需要照料，学习优异的妹妹需要读书时，我觉得自己不能死。为了他们，我就是沿街乞讨，也要坚强地活下去……”这位女孩的悲惨遭遇，深深撼动了马珍妮的心。为了查看实情，她专程来到女孩的家，看到女孩年迈的爷爷和瘫痪在床的妈妈，马珍妮心如刀绞。经过与新密市政府的协商，她决定在新密兴建一所孤儿慈善之家。

1999年10月，一所占地2000平方米，2层楼、4套单元房、1个小操场、5间办公室、1个带院落的孤儿之家正式在新密落成。带围墙的院内种植了花草树木，空间宽敞，并且设有敞亮的活动室，还有孩子们特别喜欢的乒乓球室。孩子们分住在3个家，每家都有宽大的寝室、卫生间、活动室、厨房以及保姆用房。每家都有年龄不等的十多个兄弟姐妹。马珍妮每次来到这里，总是很忙。她先给每个孩子分糖果，又在院长的帮助下分发带来的新衣服，他们根据孩子的需求搭配着、比量着，就像操心的家长为孩子准备换季的衣裳，其乐融融。

马珍妮并不富有，也深知自身能力有限，她只能尽力帮助最困难的孤儿。对她来说，很难想象这些无依无靠的孩子们，有的从小被父母遗弃，成了钻山洞的野孩子；有的自幼丧父丧母无经济来源而饥寒交迫；有的经历了生活的艰辛，几乎放弃了生活的希望……来到孤儿之家的所有孩子，几乎都有不同程度的心理创伤，有的孩子还罹患严重的身体疾病。但是，马珍妮并没有放弃，而是尽可能地给他们爱与关怀，帮助他们摆脱困境，让新的希望不断在这个温暖的慈善之家里升起。

治“家”有方，教“子”有道

在孤儿慈善之家，马珍妮像对待自己的孩子一样，对待所有孤儿。有一次，回美国之前，她与一个常惹事的孩子谈话，问他想要什么礼物，孩子说想要一个布老虎。马珍妮答应了，前提是他一定要好好改正错误。为了实现孩子的愿望，回到美国后，马珍妮与家人跑了很多地方，终于在墨西哥买到了孩子所要的布老虎。

事必躬亲的马珍妮年复一年地把精力用在孩子们的温饱、营养、医疗、健康、快乐上，孩子们一天天长大，她自己却屡屡累倒。她治“家”有方、教“子”有道，在“家中”，马珍妮要求每个孩子尽可能地提高生活自理能力和劳动能力。为使孩子们早日树立诚实、平等、自强、协作的良好习惯，她制订行为准则，明确规定：不允许讲脏话、不允许打架；要讲卫生，要每天刷牙、洗脸、梳头，穿干净的衣服上学，整理自己的衣柜；绝不允许撒谎和偷盗。在她的有效引导下，孩子们健康快乐地成长。

2003 年，慈善之家走出两位大学生。这两位大学生都有着同样不幸的童年，其中的男生叫郭松伟，他 1 岁没有了母亲，5 岁父亲去世，小松伟和哥哥跟着奶奶在一间窑洞和两间草房中艰难地生活。在得到马珍妮的资助后，他得以完成学业。上大学的那天，两个孩子流下了泪水，马珍妮却开心地笑了。如今孤儿慈善之家的孩子们有的参军，有的成为了医生，有的做了司机。看到这些孤儿们一个个健康地走向社会，成为各个岗位上的优秀人才，马珍妮非常满意：“我非常爱这些孩子，他们很珍惜来之不易的家和幸福，并能有所成就，这也是我最高兴的。我愿意与他们共同分享这快乐！”

1996 年，经过不懈努力，她与河南省新密市民政局合作，在中美两国政府注册成立了中美义务服务合作社，用以资助河南的孤儿。这一年，马珍妮收养了 8 个孤儿，第一个孤儿之家正式落成；第二年，她又收养了 16 个孤儿，创建了第二个孤儿之家。

“最早孤儿院连玩的地方都没有，我租了一间房子雇了两名保姆和孤儿们一起生活。”随后，马珍妮的义举获了国内外很多人的支持。1999 年，她与新密市合作，创建了真正的慈善之家。十几年里，马珍妮已经记不得自己花去了多少心血和汗水，更不记得自己花去了多少金钱，但在她看来这不是最重要的。

这些年下来，这里已经先后收养了百余名孤儿，培养出了 15 个大学生，还有一位获得了化学专业硕士文凭。为此她感到非常骄傲和自豪。

晚霞结硕果

20 年间，马珍妮几乎每一次都会利用回国休假的机会，向更多的人介绍中国，介绍孤儿慈善之家的孩子们生活学习情况，为他们争取更多的资助。她四处奔忙，经常一开车就是两三个小时或者五六个小时，但是就算是在慈善文化相对发达的美国，募集资金也并非易事。有一次马珍妮预先约了对方，但等她坐飞机到达却不见人影。“人们都有自己的生活，奉献爱心的形式也不尽相同。一些人对此只是好奇

▲ 孩子们在马珍妮创办的爱心之家快乐成长

也不难理解，况且也非人人富裕。”一句话，为了这些孩子们，马珍妮无怨无悔，再苦再累也心甘情愿。

在她的辛勤努力下，慈善之家已得到 10 多个国家的捐赠，有的来自扶贫组织，有的来自素不相识的个体志愿者。五湖四海的人们为孩子们提供了各种各样的生活用品，十几个在郑州工作的外籍教师也加入到无偿资助慈善之家的队伍。这不仅能够确保慈善之家的各项费用支出，诸如保姆费、食品费、衣物费、医疗费、教育费、水电费等，还为孩子们的房间添置了取暖设施。

“从 1996 年建院至今，我不知道她为我们操了多少心，我不曾数过她为我们白了几缕头发，我也不曾猜到她在半夜为我们流下了多少眼泪。但我知道，她从东半球到西半球，再从西半球到东半球来回坐 389 次 24 小时的国际飞机。在我们面前，她不曾有过任何怨言，

▲ 马珍妮（左一）在中国的日子：笑脸像鲜花一样绽放

她给我们的永远是她的笑容。她为了我们总是付出，付出，再付出。”在一篇作文中，慈善之家学员李柯深情地写道。

“珍妮，我为你骄傲！中国的事业需要你！你是一个伟大的女人！”她的丈夫这样对她说。

马珍妮对中国教育和慈善事业的贡献，得到了中国社会各界的充分肯定。1998年，马珍妮被郑州市妇联授予“十佳优秀母亲”光荣称号。2005年，荣获郑州市政府、郑州市外国专家局授予的首届“郑州商都友谊奖”；2002年，荣获中国政府“友谊奖”；2007年，在河南省慈善总会和河南电视台联合举办的评选活动中入选“温暖2007河南十大爱心人物”。在抚养孤儿的事业上，马珍妮倾注了许多心血。频繁奔波于学校和孤儿之家，马珍妮始终过着忙碌而充实的生活，不为自己的年龄与身体情况所羁绊。她的爱心和汗水得到了社会各界的充分肯定。

毛泽东在《纪念白求恩》一文中曾写道：“一个人的能力有大小，但只要有这点精神，就是一个高尚的人，一个纯粹的人，一个有道德的人，一个脱离了低级趣味的人，一个有益于人民的人。”二十余年来，马珍妮教授用行动、用爱心证明了自己的品格与德行。尽管荣誉与光环集于一身，但是她始终秉持着默默奉献的精神，把跨越远洋的爱与真情播洒在三尺讲台，播洒在慈善之家，播洒在中原大地上。虽已年逾古稀，但她生命的火把仍持续燃烧至今。一心向慈善，真诚满中原，马珍妮教授是爱的化身、爱的播种机，在中美文化交流中发挥着不可替代的作用。

中国模式传播者奈斯比特

1982年，一本名叫《大趋势》的书横空出世，风靡全世界。它被翻译成10多种语言，发行量突破2000万册，雄踞《纽约时报》畅销书排行榜两年之久。书中成功预见了网络和全球经济一体化等未来趋势，与托夫勒的《第三次浪潮》一起，成为20世纪80年代中国知识分子的手册，也是中国政府机关局级干部的必读书。这本书的作者，就是被誉为"最了解中国的美国专家"——约翰·奈斯比特（John Naisbitt）。

2009年9月，奈斯比特的新书《中国大趋势》问世，这本描绘中国未来趋势的书出版不到一周，20万册已经售罄。在书中，奈斯比特描述了他对中国独特的发展模式的信念，并且相信这种模式将以令人难以置信的力量影响世界。“中国几乎天天有精彩的故事，而中国就是这个时代的大主题。”奈斯比特说。20 世纪末以来，这位美国未来学家潜心致力于中国未来的经济社会研究。上至国家领导，下到普通民众，都与他结下不解之缘。

习近平主席曾在一次讲话中提到这位未来学家：“《中国大趋势》的作者美国人奈斯比特认为，中国没有以民主的名义使自己陷入政党争斗的局面。在未来几十年中，中国不仅将改变全球经济，而且也将以其经济模式来挑战西方民主政治。”

为讲好中国故事建言

生于 1929 年的奈斯比特是世界著名的未来学家，埃森哲评选的全球 50 位管理大师之一。他阅历丰富，有着哈佛、康奈尔和犹他三所大学的教育背景，不仅是我国多所高校的客座教授，同时兼任许多跨国公司高层及政府高官顾问。

奈斯比特早年涉足政坛，1963 年，他被肯尼迪总统任命为教育部部长助理，还曾任约翰逊总统的特别助理。离开白宫后，奈斯比特供职于有“蓝色巨人”之称的 IBM，1967 年他突发奇想“下海”创业，其时 39 岁。

从二十世纪八九十年代起，奈斯比特就已与中国结下缘分。2013 年，奈斯比特荣获中国政府“友谊奖”。人民大会堂的颁奖场景，奈斯比特仍记忆犹新。在与获奖外国专家会见时，李克强总理特意提到了他的著作权问题。

原来，二十世纪八九十年代，《大趋势》在中国畅销。当时，奈斯比特在中国做演讲，演讲结束之后便被蜂拥而来的读者拿着五花八门封面的《大趋势》所淹没，结果这些书大都是盗版书，但读者的热情又让他盛情难却。

“我再也不用担心盗版问题了。”奈斯比特对此津津乐道。李克强总理对这位曾经饱受盗版之苦的外国专家的特别“照顾”，使得奈斯比特深表感激。

奈斯比特对中国经济和未来问题的真知灼见，使得他成为中国各大会议和论坛的常客。在第四届世界中国学论坛上，奈斯比特应邀做了主旨演讲：“我们从美国的俄亥俄州赶到中国，那里早些时候在进行选举，我们跟一大批市民进行了交流，他们都觉得美国的政治体制正在衰退。我们也和俄罗斯的一些学者交流过，他们非常关心中国人在想什么,下一步会做什么。”改革开放以来,中国的国际地位日益提升，中国人的生态、中国社会的发展、中国现在走的发展道路，正在成为世界各地的学者们新的关注点。“中国的道路，代表着全新的社会经济制度，包括中国式民主，那种从上而下的管理和从下而上的活力，最终能够使得政府信任人民，人民也信任政府。”奈斯比特说道。

除了对中国现行道路的肯定，奈斯比特也对中国问题提出了自己的想法：“很早以前，我们就注意到中国几乎天天有精彩的故事，可是讲述的方式很陈旧。”1996 年，奈斯比特与国家主席江泽民进行了私人会谈。奈斯比特在会谈中直言，“中国，虽然有博大精深的历史文化，但你们没有把‘中国故事’说好。要打造‘软实力’，中国必须要用世界都听得懂的语言和方式来说好自己的故事”。江泽民主席经过一番沉思，向奈斯比特提议：“你为什么不来讲这个故事呢？”这次会谈，便成为后来《中国大趋势》诞生的缘起。

“中国的故事是这个时代的大主题，我们更想试着从中国人的角度考虑问题，而不是用西方的思维。”奈斯比特说。

向世界传播“中国模式”

虽然在那次私人会谈中，江泽民主席的邀约让奈斯比特心动不已，但是由于种种原因，这个邀约在当时并没有兑现。多年之后，《中国大趋势》一书才真正完成。 而促成这桩“好事”的“媒人”，是中国第一家金融博物馆的创办者——王巍。

20 世纪 90 年代，留学海外的王巍放弃了在美国的工作机会，回到金融市场刚刚开放的中国。他是中国首批并购公司——万盟并购公司的创始人之一，并且将中国金融博物馆的馆旗带到了珠峰顶上。2006 年，奈斯比特与王巍在录制一档谈话类节目时相遇。由于两人都对中国的未来和经济走势有着自己独特的看法，这次相遇让他们惺惺相惜。几天之后，奈斯比特收到王巍的电子邮件，鼓励他写一本关于中国经济社会大趋势的书，将自己独到的看法传播开来，裨益大众。因此，《中国大趋势》于 2009 年再次将奈斯比特带入中国民众的视野。

奈斯比特相信“中国模式”将影响整个世界，他始终对亚洲的前景保持着乐观的态度。在《中国大趋势》一书中，他站在全球的高度，精辟地提出了“中国新社会的八大支柱理论”。由此总结出中国发展的大趋势——中国在创造一个崭新的社会、经济和政治体制，她的新型经济模式已经把中国提升到了世界经济的领导地位；而她的政治模式也许可以证明资本主义这一所谓的“历史之终结”只不过是人类历史道路的一个阶段而已。

奈斯比特著述甚丰，《中国大趋势》取得成功之后，新作频频问世。2015 年年初，奈斯比特夫妇在北京发布新书《大变革：南环经济带将如何重塑我们的世界》。在接受记者访问时，奈斯比特说，过去二百多年，西方国家在经济、文化和军事等多方面具有领先优势，但是如今各种新生力量正在逐步改变着世界格局。在新书中他也表示：“西方的中心地位逐渐式微，正逐步让位于多中心格局。”

“西方仅有全世界17%的人口，却拥有世界75%的财富，但这种情况正在改变，南环经济带的国家和城市将在未来几十年间重塑这个世界。”奈斯比特说。

在《大变革：南环经济带将如何重型我们的世界》一书中，奈斯比特提出了“南环经济带”这个新概念。书中指出：“考察新兴经济体的地理分布状况，就会发现它们绕地球的南方围成了一条圆环，我们把这条圆环状的经济带称为‘南环经济带’。”

在这场大变革中，奈斯比特认为，在中国这艘“旗舰”的引领下，南环经济带中众多的新兴经济体，将以全球80%以上的人口，创造出全新的经济联盟、国际组织和金融架构，呈现给世界一个全新的格局。

“邓小平才是真正伟大的预言家”

奈斯比特在书中所作的预言，让他得到“大预言家”的称号。在《大趋势》中，他让我们从一个全新的角度看世界；在《中国大趋势》中，他让我们从世界的角度看中国。并且，他还站在全球的高度，精辟地提出了“中国新社会的八大支柱理论”。

然而，奈斯比特并不认为自己是伟大的预言家，也不认为自己是未来学家，只承认自己是一个“现在学家”。

与江泽民主席进行私人会谈后，奈斯比特对中国社会的热情更为高涨，调查也更为深入。他不仅考察了台湾的土地改革，还造访了江苏太仓。他曾先后一百余次访问中国，见证了中国社会的巨大变革。

除了前国家主席江泽民，奈斯比特也面见过其他中国最高领导人。1979 年，邓小平参观福特汽车厂，奈斯比特当时在场。演讲时，邓小平预言道：中国必须向美国学习，在 2000 年的时候成为一个世界工业强国。“他的发言对当时在场的大多数美国人，包括我来说，都是不可想象的，因为当时的福特公司一个月的产量就相当于中国所有汽车公司一年的产量的总和。”奈斯比特说。而多年后，邓小平的预言已经成为现实。中国的工业产值不断增长，早已在世界工业领域站稳了脚跟。“看来邓小平才是真正伟大的预言家。”30 多年后，奈斯比特不无感慨地说。

2006 年，在天津市市长戴相龙的建议下，奈斯比特在天津财经大学建立了奈斯比特中国研究院，受聘担任南开大学的教授，还在滨海新区置办了房子。他把自己的家搬到了天津。

研究越深入，他就对中国越感兴趣。除了写书、调查之外，奈斯比特还收藏了大量的中国现代艺术品，深入探究中国当代和古典文化。他曾经得意地说：“我收藏吴冠中等一些中国艺术家的作品，它们增值很快。以前我们总去 798，现在那些地区都商业化了，于是我们就到郊区工厂去找新的艺术家。”

“世界上最了不起的男人”

奈斯比特每次来到中国，行程都安排得满满的。不管是在北京国际图书博览会的新书发布会，还是在央视录制《对话》，或是在国务院新闻办的安排下去西藏考察，回京后接受《南方周末》的采访，始终陪伴在奈斯比特身边的，是他的妻子多丽丝·奈斯比特。

▲ 奈斯比特（右一）与妻子多丽丝（左一）一起出席在中国举办的活动

多丽丝与奈斯比特在《亚洲大趋势》的翻译和出版过程中相遇相知。奈斯比特发现"多丽丝不仅美丽，而且非常聪明，她的很多建议很有新意"。两个情投意合的人就这样坠入爱河。自此，他们成为了生活中的伴侣和事业上的伙伴。每当奈斯比特接到演讲邀请，这对伉俪都会携手出现在演讲现场。

“多丽丝直接向我约稿，希望出版我的新书。后来，她成为我那本《亚洲大趋势》的德文出版商。我们认识以后，发现两人的想法、价值观、爱好、兴趣等都完全统一，没有分歧也没有争吵，非常相容。这是我们两人关系的美妙之处。”奈斯比特曾说。因为多丽丝是奥地利人，奈斯比特干脆把自己的家也安在了维也纳。“因为我们总在旅行，我觉得把家放在维也纳是个好主意，我们在阿尔卑斯山有座湖畔边的房子，能从房子直接走到湖边，美极了。《中国大趋势》大部分的写作就是在那儿完成的”。

多丽丝对记者夸奈斯比特是“世界上最了不起的男人”，而奈斯比特则回应说多丽丝是“妻子、伙伴、支持者”，“我们不知道我们什么时候是度假、什么时候是工作，一切都那么理想、美好、有趣，好极了”。

为表达对多丽丝的爱意，在后来出版的专著《定见》的扉页上，奈斯比特写上“献给我的妻子多丽丝”。《中国大趋势》发行时，两人索性一起合作，共同署名。在学术和生活的道路上，两人始终形影不离。他们携手研究，共同写书，结伴旅游。学术无疆，两人的脚步不止。

在中国感悟“莲叶精神”

2013年夏季，奈斯比特夫妇共赴浙江，参加浙商（投融资）大会主题报告会。闲暇之时，夫妻两人结伴环游西湖，共赏美景。他们眼观湖中莲花，清风送爽，莲叶飘香。兴奋之余，两人仔细观察，耐心悟道。在第二天报告会的现场，他们兴奋地拿出两人从西湖边领悟出的一个道理，跟大家分享了起来。

“昨天在游西湖时看到莲花，我们发现，莲叶有一个非常独特的特性，那就是水滴在莲叶上，莲叶是不吸收的，直接就滑掉了。”多丽丝说道。

水和杂质无法通过表层进入莲叶的内部，这种特性也被生物仿生学应用到不少领域。这是技术上的重大创新。

此时，善于思考的夫妇两人话锋一转，又道出了莲叶现象的另外一层含义：在他们看来，这种“莲叶精神”除了科技创新上的应用之外，更代表了一种作风，即把新的思想、新的东西阻挡在外面，不愿意吸收、接受、借鉴新事物。

夫妇两人告诫台下的浙商们，莲叶的这种抗拒新兴事物的特性，将对个人发展和事业发展构成障碍，一叶障目，让人看不到世界发生的变化。“西方此前不愿了解和接受中国，也是这种心态的体现。”夫妇二人解释道。心态得不到解放，就无法获得真正的创新。无论是在中国还是西方，都是一样的道理。

多丽丝引用了一句谚语来形容：“我们跟鸽子一样非常谦和，但是另一方面，我们也跟狐狸一样非常聪明。”她认为，浙商就很好地兼容了这两方面的特性，既谦和又聪明。她认为，中国人骨子里有一股创业的基因，“我们如果要研究中国人的创业基因的话，现在来对地方了，因为正是浙商组成了这样一个创业家的群体”。

在强调珍视企业精神之后，奈氏夫妇又告诉浙商，在如今全球经济网络化的条件下，必须同时寻求平衡和发展个人的领导才能。“如今你有成为领导的自由与工具，你就能决定做什么、到哪儿去、与谁交往或做生意、是否投选票，你甚至可以到遥远的地方选择身份或创建新的社区。”奈斯比特说。当然，奈斯比特也相信领导的自由是与责任始终相伴的，人们需要在历史长河中前所未有地为自己的命运负责。

▲ 奈斯比特夫妇在书上为学生签字留念

奈斯比特夫妇认为，中国人在脱贫致富的过程中，逐渐意识到物质财富并不意味着全部的幸福。“幸福不是一个数学公式，每个人的幸福感是不同的，而政府的责任是创造一个环境让个人可以追求幸福。中国在这一方面取得了很大进步，个人理想正越来越受到尊重。中国梦的概念就是国家愿景和个人理想的结合。”多丽丝说。

"年轻人的沟通对中美的未来更重要"

"我们现在一年有一半的时间都在中国，另一半时间在维也纳或者其他地方，但即使不在中国，也总想着中国的问题，思考着中国的方方面面。"奈斯比特这样描述他们夫妇现在的生活状态。

奈斯比特夫妇喜欢中国，热爱中国环境，也对中美之间的文化交流深感兴趣。当有人问及如何改善中国的国家形象以及如何面对西方的批评时，多丽丝有一个风趣的比喻："西方的一些攻击就像是鼓足了风的帆，如果你不过度反应，平和对待，风就会突然消失，帆船就不会再破浪前行了。"在她刚刚出版的新书《梅琳：我的中国》中，她将目光瞄准中美两国的青年。"在成都、重庆和一些地方，我们见到很多中国学生，我问他们，是否愿意给美国高中同学们发一封信？结果我们收集到了400多封信件和短信。"夫妇二人把这些信带到了美国的俄亥俄州，通过各种方式进行了发放，这些信件得到了美国学生的热烈反响。"年轻人的沟通对于中美的未来更重要。"奈斯比特说。

中美之间的交流，仰仗于中美两国之间的相互沟通与了解。"西方有很多人，尤其在美国有很多人对中国有很强烈的意见，有很强的不满，但是他们从来没到过中国。他们对于自己的观点却很肯定，他们觉得对中国的观点全是正确的。"对于这种偏执和片面的理解方式，奈斯比特表达了自己的不满。他认为，要了解一个国家的文化，就必须采取实践，深入到文化内部去。"对美国人来说，如果想了解中国，就要到中国来，学中国的语言，了解这里的状况。同样，对中国人来说，如果想了解美国，就要到美国学习他们的语言，了解美国的生活，了解美国发生的情况。必须要深入实地，才会有真切的感受。"奈斯比特认为，到中国来也不应只到北京，还应当深入其他一些内地城市去看一看。“尤其是西部的一些城市，唯有到内地去，才能了解中国的真实情况。也才能真正消除偏见，加强双方沟通。”奈斯比特说。

谈起中国的年轻一代，奈斯比特持积极的态度。他认为中国人的思维在经历改造，这一代的年轻人没有贫苦的经历，但是接受了良好的教育，怀有更多民主意识。“我们与许多中国年轻人进行了交流。他们认为现在的幸福理所当然，只知道现在有什么样的东西，他们需要有更多的进步，比如他们希望政治有更多的透明度，有更多的个人参与，等等。这些都是我们共同面临的问题。”奈斯比特娓娓道来。

在中国乃至世界未来学史上，奈斯比特是一个十分响亮的名字，他以高瞻远瞩、深刻洞见和敏锐感知未来的能力，独领风骚于同时代的众多学者之上。他对亚洲前景的乐观态度，他在新世纪来临之前的“新人类观”，他对世界发展变化的前瞻性，无一不让我们由衷赞叹。最近，奈斯比特以其独特的视角和精辟的见解推出了新作《大挑战——21 世纪的指针》一书。这位杰出的未来学专家在纵观沧海桑田巨变下的新世纪和芸芸众生之后，仍以一贯的方式和作风淋漓尽致地发挥着他独到的“新人类观”。在文化交织和变化群起的 21 世纪，他一次又一次为人们指出新世纪的奋斗方向和远大前景，也续写着中美社会文化交流的动人篇章。

厦门通潘威廉

20多年的无私捐助，20多年的定居生活，上万里的中国环游，10多本介绍中国的书……这些数字都用来描述一个外国人。他就是潘威廉（William N · Brown），福建省第一位获得永久居留权的外籍人士，厦门市荣誉市民。

天上飘落宣传单

1976年至1978年间，尚不满20岁的潘威廉来到美军驻台空军基地服役，整天与导弹打交道。当时他从未想到，10 年后，自己会跨过台湾海峡，带着家人定居在厦门。

“我真没想到海峡对面是一样的美丽。”潘威廉回忆道。

让潘威廉决定前往海峡对岸一探究竟的，竟然只是一张薄薄的传单。“当时经常会有气球从大陆飞过来,撒出来的宣传单就像雪片一样。”随着宣传单一起落下来的，是潘威廉未曾想象过的新中国。潘威廉的父亲是一个美国老兵，曾经在亚洲服役 11 年，先后参加过在朝鲜和越南发生的战争。他从父亲口中了解到的亚洲国家，都是对美国怀有敌意的。而这张从天而降的宣传单让他第一次思考，甚至怀疑自己过去一直深信不疑的东西是否正确。

带着困惑，潘威廉结束了在台湾的服役，又先后到中亚和东南亚服役。他开始学习亚洲历史，为自己心里的疑问寻找答案。“我以前都不知道，鸦片贸易以及后来的鸦片战争对中国有那么深远的影响。这太可恶了，而我居然都不知道。”潘威廉说。

1981 年，潘威廉从美国军队退役。“到中国去，帮助那里的人们，改变世界对中国和中国人的看法。”这便是他当时的想法。此后，他花了 10 年时间，努力学习中文，并最终考入美国瓦尔登大学管理学院。

而那张带他开启新世界大门的宣传单，潘威廉至今都还保留着。

这是地球上最美的家

潘威廉现在的住所就在厦门大学。房子在半山腰上，四周有竹木花草相与为邻。潘威廉说，自从 1988 年来到厦门后，他就一直住在这里。每当有客人到来，潘威廉总是骄傲地说：“这是地球上最美的家”，“我经常给人家讲，我有全世界最好的房子。确实是这样的。中国是最有意思的国家，中国最美的城市是厦门，厦门最漂亮的是厦大，厦大最美的位置是山上，我的房子就在这里。我多么幸运——住全世界最好的房子，还干着全世界最好的工作！”

当年，32岁的潘威廉已经获得管理学博士学位，他放弃了自己在美国的一切，包括年收入70多万美金的美国第一证券公司副总裁职位，和妻子苏珊一起，带着两个年幼的孩子来到厦门，在厦门大学学习中文。

回忆起当时的毅然决然，潘威廉说，除了对中国特别感兴趣之外，只能用“缘分”来形容。

“我第一次来（中国）大陆是想学中文，那时我对厦门一无所知。1988年，有一个陌生人从泰国给我打电话。他说，我听说你要到大陆学中文，有没有听说过厦大？过了一个星期，又有一个不认识的人给我打电话，他在加州，他与第一个人也不认识。他说，听说你要学中文，有没有听说过厦大？我说是的，上周刚听说过。我觉得太巧了！所以我很快与他接洽，四个月后就到厦门学习中文。缘分！缘分！是这两个人把我带到了这里。”潘威廉幸福地回忆道。

潘威廉在厦门学习了几个月中文后，又遇到一个意想不到的机缘。当时，厦门大学急需MBA教师，潘威廉决定试试看。于是，凭借专业的学识和丰富的经历，来中国不到一年，潘威廉就得到了厦门大学管理学院教师的职位。

就这样，潘威廉安安心心地当起了一个当时月薪90美元的大学老师。

条件艰苦了点，潘威廉倒是一点都不着急，还乐悠悠地入乡随俗骑起了三轮。“我刚来的时候，这里只有三路公交大巴，没有出租车，都是三轮车。我自己还买了一个三轮车来骑。”潘威廉微笑着回忆道。

潘威廉的厦门来信

其实，潘威廉来中国，他的很多美国亲友都不理解。尤其是他的父亲，他是个美国老兵，对当时的亚洲国家有些偏见，更是坚决反对。为了让家人放心，潘威廉每个月都会往家里寄一封信。

最初，潘威廉在信里跟家人分享自己在中国的所见所闻。为了生动形象，他还在空白处给文字配上了简笔画。“立冬进补，开春打虎”，这是潘威廉“画”在信上的一句话，为家人介绍厦门当地的一个习俗。

后来，潘威廉开始在信里对中国经济的发展进行描述和评论。他评论中国的现状，对中国的未来作出预测。而他的亲友仍旧对此表示怀疑。于是，潘威廉决定，自驾旅行，亲眼看看全中国的模样。

1994 年，潘威廉费尽周折买了一辆金杯面包车，带着太太和两个儿子开车环游了半个中国。他们从厦门出发，途经东部沿海，然后向西。到达青海时，他们便向南折返，一路到了海南岛，全程近 4 万千米，历时 3 个月。

“当时我到了宁夏、甘肃一些非常偏远的地方。那些地方确实很穷，但是政府已经开始修建一些水泥路，修建学校、医院，做生意的人也渐渐聚拢过来。我觉得特别棒。”

让潘威廉感到欣慰的是，在路上碰到了好几个自己的学生。他们在偏远的地方，用潘威廉教给他们的管理学知识，为当地服务。

环游路上的点点滴滴，都化作一笔一画，漂洋过海，来到了潘威廉家人的眼中，也最终，走进了他们心里。

2004 年暑假，潘威廉回美国探亲，他和父亲进行了一次深入交流，父亲终于开始理解他的选择。“2004 年我父亲去世前 3 个月，他忽然告诉我说‘我很高兴你到中国’”，那时，潘威廉终于明白了，自己这么多年的信没有白写。

2015年春节期间，潘威廉带着他在厦门写的信上了央视新闻。当时，中央电视台新闻频道《行进中国·精彩故事》专栏推出特别报道《我不见外》："中国通"的"中国说"。潘威廉在节目中说道，他要把自己来到中国十多年写给父亲的信编成一本书，书的名字都想好了，就叫《潘威廉的厦门来信》。

不辞长作厦门人

说起为什么选择厦门作为定居的城市时，潘威廉说："这20多年我觉得自己最骄傲的，就是拥有了这么一个大家庭。中国人和外国人，在厦门是一家人。只要没人赶我走，我一辈子、两辈子都想住这里。"

其实，他刚开始只是计划在厦门学一两年中文，然后去别的地方。结果，一来就爱上这座城市和这里的人了。他自己当初压根儿没想到，会在这里一待20多年。

这20多年的背后，还有个感人的小故事。

"刚来厦门没多久的时候，我在中山路丢了个包，里面有护照，还有我两个月工资。我当时这个着急啊！结果路边一个裁缝捡到，把包还给了我。我提出给他钱，他却一分不要。"潘威廉后来才知道，这位裁缝当时生活很拮据，而且还身患癌症。潘威廉后来再去找那位裁缝时，才得知，裁缝已经去世了，而他的小孩才刚出生。"我当时差点就哭了。"潘威廉难过地说，"厦门人就是这样，厦门最美的就是厦门人。所以，我说不能离开厦门。"

2002年，厦门一举夺下国际花园城市金奖，作为发言者和见证者，潘威廉乐不可支。后来，潘威廉又一鼓作气，帮助福建泉州、上海松江、江苏常州武进获得国际花园城市金奖。

“我之前已经帮助过三个城市去申评，不可思议地都拿了金奖。每一个城市都非常好，都有一个很好、很全面的规划，非常科学。据我了解，现在世界上别的国家的城市在这方面，都没办法跟中国厦门等几个城市相媲美。”潘威廉说起这些话时流露出自豪的语气。

2016 年已是潘威廉来华的第二十八个年头。潘威廉的大好年华都挥洒在了这片土地上，这片寄予憧憬和信任、带给他一个又一个惊喜与自豪的城市。

“厦门真的变成一个国际化的城市了，我想是政府有远见的措施使越来越多的外国人来厦门工作,让厦门成为美丽而且国际化的城市。开始没太感觉到，可到了 1996、1997 年，我突然发现，厦门慢慢地发生了变化，真正是一个适宜工作和居住的美丽的地方了。”作为普通市民，潘威廉见证了厦门的生活环境变得越来越美；而作为管理学教授，他也对厦门经济环境的优化表示出肯定和欣慰，“我刚来厦门的时候，来华投资的外商们经常抱怨投资环境不够完善，各类相关手续也很烦琐，有很多不完善的地方。可是，现在这种情况完全改观了。”

“我想这真是一个奇迹。当时决定要住下来，是希望厦门以后会发展得更好，从来没想到变化会这么快，这几年能这么舒服地工作。现在的厦门，无论是工作还是生活，在中国，甚至在全世界来说都是一个最好的地方。”如果只能用两个字来形容厦门，潘威廉会选择“奇迹”，这也是他在谈到厦门时，说得最多的两个字。

“我用 20 年前的老照片来对比现在，过去的 20 年是一个奇迹，我希望未来的 20 年也是一个奇迹。”潘威廉总结道。

“老内”为中国代言

除了为中国的城市申请国际花园城市献计献策，潘威廉还写了10多本书，介绍厦门，介绍福建，介绍大大小小的中国城市，活脱脱一个中国的代言人。

潘威廉所撰写的《魅力厦门》《魅力福建》等中英双语系列图书，已经成为外国人游厦门、福建的常备读物。其中，最受好评的便是《魅力厦门》（2000年英文版）。以外国人的视角，发现厦门的独特之美，这本书颇受来华外国人的欢迎。从神话传说到历史掌故，从自然景观到人文景观，从文化习俗到贸易投资，老潘无不饶有趣味地一一加以记述。书中更是花了超过两章的篇幅来介绍中国的菜肴，潘威廉说，他对中国菜情有独钟。

曾有记者这样问潘威廉：“您为什么来中国？”潘威廉答道：“因为美国中餐太贵了！这可不只是个玩笑呢。”

这些介绍各个城市的书，潘威廉不仅仅是写给外国人看的，也是写给年轻的中国人看的。因为多年在中国的见闻，让他意识到“其实不仅老外，很多年轻的中国人，也不了解自己的国家”。

有人说，潘威廉不仅是厦门通、福建通，还是个中国通。他这时候倒谦虚了起来：“中国通说不上，嘿嘿，厦门通还行。我写了10多本书介绍厦门，写着写着，就变成厦门通了。”

在潘威廉的心里，厦门就是他的家，中国就是他的家，他做这些，是应该的。

“在中国，特别是在厦门，我不是老外，而是老内。”

▲1988 年，潘威廉一家在厦门的第一辆车

滚烫的中国心

协助中国城市申请国际花园城市，替中国城市著书立说，在帮着

中国走向世界的过程中，中国也融入潘威廉的心里。他曾经两次写申请书，要求加入中国共产党。一口流利的中文是他的外在，而从心底里认同中国文化和发展，便是他最真实的内在。

因为参与中国城市申请国际花园城市，潘威廉对中国的生态环境保护也格外关注。作为一名工商管理学教授，他特别担心中国一味追求经济发展而忽略了生态环境保护。但是，中国政府明确提出了科学发展的思路，让潘威廉倍感欣喜：“以前在中国，好像只要你有钱，几乎做什么生意都行。因此各种污染源都冒出来了。可笑的是，中国的污染情况备受西方批评，但很多西方的工厂却加重了中国污染。现在中国发展了，富裕了，有权去选择了，可以决定自己想要什么。我希望中国以后能够拒绝污染工业，不允许他们进入。”

他觉得尤其难能可贵的是，中国提出今后的发展要偏重高技术、高附加值产业，强调发展不以牺牲环境为代价。

潘威廉还说：“我希望中国在学习西方国家时，取其精华，去其糟粕，实现国家的繁荣和现代化，消除污染和贫困。虽然做到这些不容易，但是我相信中国能做到。”

但在30多年前，潘威廉在美国驻台空军基地服役时，可没这么想。当时由于西方媒体别有用心的歪曲，他曾一直期待着两岸间爆发一场战争。但是，自从他捡到那张从天而降的宣传单，继而踏上中国大陆后，他对中国有了新的认识，也有了深厚的感情。虽然海峡两岸目前存在分歧，但两者一脉同根，拥有相同的文化、语言乃至内心世界和民族精神。潘威廉发现，台湾当局的一些政客不是无知便是无视这样的事实：威胁亚洲的不是中国，而是那些将权欲和贸易凌驾于一切之上的西方列强。他批评说，部分台湾领导人完全置民族利益于不顾，成了某些西方大国的政治玩物，他们忘了，一个多世纪前正是这些西方列强蹂躏、压迫当今每个中国人的祖先，并挑起事端，制造民族分裂。

从历史和当下双重视角出发，潘威廉这样寄语两岸关系："台湾理应着眼东方，而不是西方，从民族利益出发，与中国大陆重归于好……让我们期待着两岸领导人表现出超凡的智慧和谨慎，因为一旦中国人同室操戈，赢家只能是西方。中国人应该像一家人一样自己解决内部纷争，而非诉诸武力，更不应求助于某些道德沦丧的外国势力。"

作为一名富有正义感的西方人士，老潘对殖民主义深恶痛绝。他说，当西方国家振振有词地鼓吹"正义"和"道德"的时候，可曾想到，整整一个世纪，他们都在从事贩卖鸦片的罪恶勾当。虽然许多西方人士在反对鸦片贸易，但截至 20 世纪 20 年代，欧洲从亚洲获得的利润竟有一半来自鸦片！更荒唐的是，无论当时清政府如何煞费苦心地呼吁西方列强恢复良知，乞求基督徒们的怜悯，美国第二任总统亚当斯仍公然大肆鼓动站在英国一边，还恬不知耻地指责中国拒绝进口鸦片"有悖于人权和国际法准则！"

在中国的亲身体验，让潘威廉觉得，自己有责任、有义务让世界了解中国，特别是中国人对待和平、对待侵略与反侵略的立场，因此，在《魅力厦门》一书最后，老潘搜索了许多史料，专门写了鸦片战争的一段历史。

"我们的红娘就是中国"

潘威廉对中国有很深的感情，他的妻子也与他一样。

从美军退役后，25 岁那年，潘威廉认识了在台湾出生并长大的美国女孩苏珊（中国名叫李淑琴）。"我们的红娘就是中国。"潘威廉对着镜头这样说道。

和妻子第一天见面的时候，潘威廉就开始和她讨论来中国的问题。"当时我就跟她说，我们两个一定要一起来中国大陆。要是她没有这个愿望，我当时也就不会跟她做朋友了。"原来，潘威廉能和妻子走到一起的原因，除了妻子确实很漂亮外，而更重要的是她对中国有兴趣。

"因为我对中国有兴趣，她也有兴趣，所以我们有共同话题，也是缘分。有些学生问我，如果她对中国没有兴趣，我们会不会结婚？我说不会，因为那时候她对中国有兴趣，她要到中国来，所以我们才开始做朋友，后来结婚了。如果她对中国没有兴趣，那我对她也没有兴趣。"潘威廉幽默地说。

2013年，厦门市政府专门在鼓浪屿一栋别墅里，为潘威廉举行了庆祝活动，庆祝他定居厦门25年和结婚32年的纪念日。院子里摆满了他的各种照片。诗人舒婷，就住别墅隔壁，也跑来了。几乎不在任何场合发言的她，那次竟然拿了麦克风上场，有点羞涩地说："潘威廉很帅，太太苏珊很漂亮，你们很喜欢手牵手在鼓浪屿散步，如果在街上碰到你们，希望你们记住我哦。"

潘威廉坦言，小时候他对中国一无所知。"我没有遇到过中国人、没吃过中餐、没拿过筷子，对中国毫无兴趣。我听说过四分之一的世界人口是中国人，不过对此我高度怀疑，因为我们家就有四个人，这当中却没有一个是中国人。但是后来美国空军把我派到了台湾。这段经历，让我与台湾、与大陆结下了不解之缘，并且娶到了我那金发碧眼、美丽动人的'台湾太太'"。

▲1981 年，潘威廉（右二）与夫人苏珊·玛丽（左二）在台湾结婚

"美国种子"成长在中国

有了一对热爱中国的父母，潘威廉的孩子对中国的感情自然也十分深厚。在潘威廉的言传身教之下，两个小鬼都把自己当成是"中国人"。这两颗美国制造的种子，在中国阳光雨露的滋润和呵护下，茁壮成长。

"我的两个儿子都曾经在美国生活过一段时间。但是他们都很想厦门的家，因为从小在这里长大的，热爱这个美丽的地方和这里的人们。这里是一个大家庭，楼上退休的老教授都是他们的爷爷奶奶。他们这边的爷爷奶奶很多。"潘威廉高兴地介绍自己的孩子。

这两个儿子的名字也挺有趣，按潘威廉的话说，是"中美合资"的，老大叫神农，老二叫马太。潘威廉一家初到厦门时，神农3岁，马太才6个月。虽说成长在中国，孩子们的美国教育潘威廉也没有放松。

每天，老大神农六点起床，老二马太七点半起床。他们每天要花四到五个钟头，通过网络远程教学，与美国教师一对一地学习美国普通教材。学费很高，比潘威廉工资还要高，但他咬咬牙没放弃让孩子们继续学习。此外，孩子们每天还有固定的两个小时要学钢琴。老二马太有时会偷懒，比如说好的一个钟头，耍耍赖算成"59分钟"也是有的。学习之余，孩子们该有的嬉戏玩耍的童年——交朋友、打篮球、玩游戏，一样不落。

对于中国近年来出现的"小留学生"热潮，潘威廉也有自己的观点，他觉得"最好还是先好好学习中文和本国文化"。有人曾为他两个儿子在中国长大感到可惜，他却不以为然，反以为幸。他说中国与美国相距并不遥远，孩子们能在不同的文化环境中长大，是他们的幸福。

对孩子们的人格和精神的教育培养，潘威廉高度重视。

一是亲情教育。每年假期，潘威廉一家几乎都要回美国探望亲人。

潘威廉说，亲情教育在美国一样很受重视。

二是独立自主。两个儿子出生后，潘威廉都给他们配备了独立的床。在厦门大学80多平方米的套房里，潘威廉专门设立了一间儿童房。那张双层床，就是潘威廉为两颗“美国种子”精心打造的摇篮。

三是动手能力。孩子们睡的那张双层床，就是潘威廉亲手做的。除此之外，他还会绣花。他书里的漫画，也是他自己画的。虎父无犬子，潘威廉家里摆放着的许多小物件，便是儿子们的杰作。在老潘家楼下，有一个小型儿童乐园。假山、人工瀑布、童话人物……在相思树上架三把竹梯，再弄一些木板，便筑成一个空中小木屋。小木屋出口处，还搭着镀锌板制的滑梯。此外，还有用旧轮胎做的秋千，还有双杠、吊环等。这一切，都是潘威廉全家合力完成的——主意大家出，活儿集体干。在老潘的带动下，孩子们从小就养成爱动手的习惯，伞坏了自己修，还利用矿泉水瓶盖子，做了一串串风铃挂在阳台上……

四是冒险精神。2002年5月，神农、马太与厦门一位50多岁的美国商人，用三合板、钉子、锤子等敲敲打打好几天，终于制造出一艘四米多长的帆船。一天下午，他们兴高采烈地把船运到海边，穿上救生衣下水自驾帆船。在离岸边700米处，由于风力较大，驾驶不当，船翻了……还好有渔船经过，救了他们一命。潘威廉听了也不着急，还从容风趣地跟儿子“贫嘴”。他说，安全教育很重要，比如教孩子们穿救生衣，但鼓励孩子敢于去冒险，也一样不可或缺。

至于性教育方面，潘威廉更是得心应手。有人问及：“如果发现儿子早恋怎么办？”潘威廉脱口而出：“给他们买本书。”其实，在孩子们还小的时候，他就已经买了有关性教育的录像和书，还陪两个儿子一起看。“就像看打高尔夫球比赛一样，很轻松自然，要让小孩觉得这没有什么神秘之处或不可告人之处。”在他眼里，爱情是成长中美丽的阳光雨，谁都难免，最重要的是心态健康。如果心态健康，终会见彩虹。

目前，两颗“美国种子”已经长大成人。

“洋雷锋”的心愿

这么多年过去了，在厦大，潘威廉早已成了家喻户晓的人物，人们都尊称他“洋雷锋”“洋劳模”，他还曾入选“中国网络媒体首届感动中国人物”，荣获中国政府“友谊奖”“十大功勋外教”等多项荣誉。

刚到厦大时，潘威廉主动提出只要400元月薪，其余的用以捐助闽西失学儿童。20多年过去了，他的爱心不改。希望工程实施后，他还向西藏寄去2400元。

平日里，他也用自己的一言一行影响着自己的孩子。假日里，他常带一家人去海边捡“白色垃圾”。环游中国时，他还改装了自己的那辆面包车，让两个儿子有记录旅途见闻的“写字台”。漫长快乐而又艰辛的路途中，这一家子不停地宣传环保。在藏区，他还带领儿子为当地人民“扫地”。

“如果没有从厦门港出发的船，就没有波士顿倾茶事件，也就没有美利坚合众国。”潘威廉这样看待厦门和美国的关系，这也体现了厦门、体现了中国在他心中的分量。

当年的一纸宣传，让这个美国大兵跨越了台湾海峡，也跨越了内心的海峡，来到了美丽的厦门。他对厦门的未来发展充满信心，“厦门会更美丽，会更有智慧”，也希望自己能一直见证厦门的发展。1992年，潘威廉申请了在中国的永久居留证。他希望能为厦门的建设尽一份心力，能帮助厦门走向世界，帮助中国变得越来越好。

“我决定在厦门终老。我会一辈子生活在厦门。如果可以的话，两辈子也会在这里。”潘威廉深情地说。

光明使者苏珊

2009年《感动中国》颁奖典礼上，主持人念出了这样一段颁奖词：

她从地球的另一边来，为一群不相识的孩子而来，全凭心血付出，她带来了光明。她的双眼如此明亮，健全的人也能从中找到方向。

台下响起了经久不息的掌声

她，就是苏珊·萨布莉亚·坦芭肯（Susan Sabriya Tenberken），2009年度《感动中国》十大人物获选者。

苏珊衣着简朴，面容清秀，和孩子们打成一片的她，脸上随时带着笑容。虽然苏珊的目光失去了焦点，但她的声音听起来却无比坚定，没有丝毫的犹豫和自怯："我虽然失明了，但是我会向世界证明，我的价值并不会因此而逊色。"

善良的苏珊已经在盲童孩子们那曾经漆黑的世界里，点亮了一盏灯，照亮着他们前进的道路。

《感动中国》推选委员这样评价她："她是当代的普罗米修斯，虽然自己看不到光亮,却给远在异国他乡的西藏盲童带来光明与希望。"

跨越半个地球的缘分

1997 年，苏珊独自一人，再一次踏上西藏这片神奇的土地。

第一次进藏，苏珊因为高原反应而被迫提前回国，但这次进藏并没有让苏珊失望。她骑马走进山中仙境，穿越危险的山口，独自来到拉萨。阳光、湖泊、雪地和热情的藏族人民，西藏的方方面面都从各个感官冲击着苏珊的内心世界。

西藏，这个离天空最近的地方，有湛蓝湛蓝的天空和大朵大朵的白云，也有耀眼的阳光。因此，眼病的发病率也很高。2009 年西藏人口约 260 万，其中就有 1 万视障者，有时，甚至一家好几口都是盲人。更让人伤心的是，由于当时经济发展的落后和人们生活的闭塞，当地人认为今生的不幸是前世的罪孽，成为盲人是因为他们上辈子做了错事，这辈子是来受罚的，所以盲人在社会中的地位非常低。有的孩子都已经四五岁了，看上去却像一个婴儿，四肢根本没有正常发育。因为家长羞于让人们知道自己的孩子是盲人，甚至只让他们待在家里不见外人，结果很多盲童甚至都不能正常走路。

这些事实让苏珊感到震惊，因为她自己就是在专门的盲人学校接受的教育，然后考上大学的。

"没有知识，缺乏生存的技能以及得不到他人的尊重，这里的盲童们不仅看不到常人的世界，更体验不到心灵的光明。"苏珊说。

"留在西藏，给雪域高原上的盲童创造受教育的机会。"苏珊心中萌生了这样一个想法。

然而很多人在听到她的想法时，并不支持："给盲童希望是异想天开。你的想法太好高骛远，太不切实际了。你还是脚踏实地吧。"是啊，想要在中国建学校，而且是建盲人学校，且不说提出这想法的还是一个年轻的盲女孩，就是一个健全的德国人也难以完成。

当时唯一支持苏珊的，只有保罗，他说："这个想法太棒了！"保罗是位来自荷兰的建筑设计师，和苏珊在拉萨旅游时相识，两人一拍即合。

其实早在中学时，苏珊就已经同各种非政府组织联系，实地考察工作，但没人相信她有从事这类工作的能力。

面对众人的质疑，苏珊这样坚定地说道："他们（跟我们说话）就好像是在跟孩子说话一样。可我们不是孩子，我们知道我们在干什么。后来我们就想，没事，他们不想相信我们，我们自己相信自己，我们相信我们的同事们，我们相信我们的学生。我们一定可以的。我们会凭借自己的力量，依照自己的想法和理论来做。我们会向世界证明，尤其是向否定和怀疑我们的人证明，我们能够做到。"

后来，苏珊亲自找到了西藏自治区政府，说出她的设想，并最终得到了西藏自治区政府有关部门的支持。经过多次商谈后，她又获得了德国政府的资助，办学的计划终于迈出了第一步。

这些最初看起来不着边际的一切，就这样在苏珊的坚持下慢慢落地生根。苏珊究竟是怎样说服西藏自治区政府的，我们很难想象。对此，苏珊说：“我只是告诉他们我可以，他们就相信了！”大概，他们是被苏珊话语中的坚定和自信所打动了吧。

盲而不茫

苏珊话语中透露的坚定，没有丝毫迷茫，有时候甚至会让人怀疑她怎么会是个盲人。

1970 年，苏珊出生在德国，然而两年后她就被诊断出患有色素性视网膜病变。随着病情的恶化，苏珊的视力不断下降，而且无法逆转。为了让孩子更多地记住这个世界里灿烂的阳光和绚烂的色彩，苏珊的父母从她很小的时候开始，就尽可能地带她参观博物馆，到处旅游。直到现在，那些山川、河流和色彩，还会不时出现在她的梦里，模模糊糊的，好像被水浸湿了一样。

12 岁那年，苏珊完全失去了视力，但她并没有失去对自己的信心和对未来的期许。父母告诉她任何人都有自己的能力边界，关键是要努力找到自己的能力极限，并尽可能发挥出自己的最大能力。眼睛里的世界灰暗了，但心里的世界却明亮起来，苏珊开始明白：失去了视力，并不代表失去了一切。“我意识到自己除了视力，还有很多其他的感官，我有耳朵，有鼻子，我完全可以适应这个社会。”苏珊自信地说。

随后，苏珊上了一所专门的盲人学校。她还学会了骑马、滑雪、划船。很多盲人难以想象的事情，甚至连常人都不会做的事情，苏珊做到了。

高中毕业后，苏珊顺利考上波恩大学，研修了中亚语（即蒙古语、汉语、古代和现代藏语）、英语和计算机。在藏语课上，她是班里唯一的一名盲人学生，也是第一个选修这门课的盲人学生。藏语中 30 个字母没有对应的盲文字母表，她别无他法，只得寻找自己的方法，以满足学习的需要。于是，靠着电脑听音分析器的帮助，她借鉴布莱叶盲文，用了两周时间编写了一套藏语盲文程序。当时的她仅仅是为了方便自己的学习，根本没有想到这一创造会有多大价值。

"我一直想要离开德国，进行探险。我也想做一些有意义的事。那时候，远山、马匹和湍急的河流非常吸引我。有一天，我在卡塞尔参观了一场关于亚洲和中国的展览。之后我就想，今后要在这些地区做些什么。于是我学习了藏学，并创造了藏语盲文。"谈起选择藏学研究的初衷，苏珊说，"后来我才知道，藏语此前一直都没有盲文。"

双目失明，心中有光

如今，多亏了苏珊发明的藏盲文和藏盲文打字机，西藏的盲童们有了重新认识这个世界，融入这个世界的机会。她那已经失明却依旧明亮美丽的眼睛，看得见西藏盲童内心的渴望，看得见无国界的爱的力量。

1998 年，苏珊为建立西藏助盲项目向德国政府申报，并得到了德国政府的资助。此后，苏珊开始积极为建学校的事情忙碌起来。她先是给保罗打了电话，寻求办学伙伴。保罗听闻，立刻辞掉了自己的工作，来到西藏。两人的艰苦创业之旅由此正式拉开序幕。

1998 年 3 月，拉萨盲人恢复和训练中心成立了。他们为中心起名为"盲文无国界（Braille Without Borders）"，更准确的解读应该是"没有边界、没有极限"。

刚开始的时候，中心仅有 1 名教师、6 个孩子，这还是苏珊骑着马走了 170 千米找来的。苏珊一边自己培训老师，一边给学生上课。而保罗从旁协助，负责技术方面的事务。

中心的学生逐渐多了起来，年龄差距也逐渐拉大。小的才几岁，大的却已经 20 多岁了。

此时，苏珊也获得了更多的支持，中心的规模也得到了进一步扩大。2000 年 11 月，苏珊与西藏残联合作建立的盲人康复及职业培训中心正式运作。该中心相继开设了一所盲童预备学校、一家盲文书籍印刷厂、一个盲人自我综合中心和一个职业培训农场等。

针对学生年龄不同，学习能力不同，苏珊为他们分了不同的班，设置不同的课程。

年龄小的，就进入中心开设的预备学校学习，从基本的生活技能学起：如何感觉方向，如何使用路棒走路，如何自己吃饭等。能够基本照顾自己之后，中心就开始教孩子们学习语言，包括藏语、汉语和英语。苏珊就是用自己发明的藏语盲文来教学生的。经过专家鉴定，这套盲文简单易学，学生可以在 6 周内就全部学会藏语的 30 个字母。

年纪再大一点的，中心就为他们培训职业技能，像医学按摩、诊脉、制作奶酪等。还有藏区常用的技术：如手工编织、木工、饲养和管理牲畜、种植农作物等。

在高速发展的现代化社会，计算机和互联网几乎已经成了人们生活的必需品。中心也针对这一形势，教学生们学习使用计算机。他们的计算机都有专门的装置，以方便盲人的使用。

除了这些实用类课程，苏珊还在学校里相继开设了美术课、音乐课和体育课。在美术老师德珍眼里，孩子们是认识颜色的，因为他们能够感受到阳光，阳光便是红色的。

说起办学过程，苏珊还讲到一个有趣的误会。

"当时因为我在到处寻找失明的儿童，很多人都以为我是眼科医生，于是有很多盲人来到路边，问我，究竟能不能治好他们的眼睛。"苏珊就赶紧摇手跟他们解释，"不不不，我自己也是个盲人呢。"

光明的种子在播撒

苏珊的努力，照亮了西藏盲童们的内心世界。这些孩子们受她的影响，也都希望自己能守护这份光明，甚至播撒这份光明的种子。

欧珠和久美变成了歌手，他们的乐音和歌声分外动人，人们从歌声中感受到了光明和温暖。

对着《感动中国》的采访镜头，扎西平措腼腆地笑着，用流利的英语说道："苏珊和保罗，我爱你们。"

坚赞说："我会去日本学好电脑，回来教更多的学生。"

尼玛毕业后去英国留学学习英语，并在印度参加社会企业家的项目，学习领导力课程，目前担任中心的项目经理。

尼玛的同学其拉，从英国留学回来后，在拉萨开了一个融合幼儿园，同时接收了18名盲童和正常视力儿童共同就读。

截至2013年年末，中心在西藏帮助并培养了200多名盲人，其中约150人从预备学校毕业，有近50人在常规的小学、中学就读，60余人在日喀则的农场学习劳动技能、接受就业培训，并探索能够自负盈亏的社会企业的模式。丹增、吉拉等8人已经在拉萨开了自己的按摩诊所，并雇用了30多个中心的毕业生。还有的自己开茶馆，有的甚至做了英语导游，为国外的游客介绍家乡的风土人情、历史文化。

苏珊说："他们最需要的，就是相信自己，接受自己。他们要知道，失明其实没那么糟。当然，他们也需要社会接受他们。"

▲ 《萨布莉亚和她的西藏盲童学校》英文版封面

相信自己，接受自己，这就是苏珊对孩子们最大的期许。

因为长期以来，盲育在藏民家里没有得到应有的重视，父母们或许认为孩子是累赘，什么都不能做。而盲文学校与家里不同，会尽可能地帮助孩子发现自己的特长，找到自己的人生价值。诚然，盲人有很多事情都做不了，但天生我材必有用，上帝在为你关上一扇门时，总会留有一扇窗。只是，这窗扉需要人们自己去推开。对于盲人而言，他们仅仅是视力有缺陷，其他方面并没有缺陷。他们需要的，仅是一个机会，绽放自己的光芒。

“盲人只是看不见而已，并不意味着我们愚蠢或我们的手脚笨拙。我的学生能做很多的事情。”苏珊不无自豪地说道。

很多学生刚到学校时，非常害羞，不愿意跟周围的人开口。不过不久之后，学生们就开始交流，开始活跃起来。“周围的同学，唱歌、表演、玩游戏、讲英文，我为什么就不可以呢？”有了这样的想法，学生们就会摆脱内心长期以来的包袱，积极地接纳自己，融入身边的群体。孩子们的家人最初认为孩子们到这里不一定能改变什么、学到什么，后来他们的看法都发生了改变。

事实上，盲人由于视力不足，其他方面表现往往会更加突出，从而弥补视力的缺陷。苏珊就惊讶地发现，盲人孩子们的学习速度很快，入学没几天，他们就可以用中、藏、英三种语言表达数字了。

除了知识，孩子们学到的更多是与自己相处、与周围相处的态度。当被别人骂成“姑巴（藏语，意为傻子）”的时候，孩子们学会了报以一笑，并回答“我不是傻子，只是眼睛看不见而已”。

说起孩子们令人欣喜的表现，苏珊还讲到这样一个例子。她有个学生曾经在大街上被人家瞧不起，但那孩子并没有羞愧地低下头，而是当面告诉那个人说：“我可以自己走路，我可以说汉语，我还会说英语，我还会使用电脑，你会吗？”结果那个人回家后就把自己老家附近的盲人孩子带到了苏珊的中心。

现在，孩子们不仅学会了与自己友好相处，也学会了跟社会和谐相处，与正常孩子一样奔跑在灿烂阳光里。

2002 年秋，学生做出了第一块奶酪；2003 年秋，中心开始实施“自我融合”项目，旨在促使学生通过努力，自己融入到社会和家庭中。2003 年，学生们自编自演了话剧《多么美好的景色》(*What a Beautiful Sight*)。

根据中心的课程设置，孩子们一般会在这里学习两到三年。年纪小的，在这里学会了必要的生活技能和盲文等基本知识后，会进入普通学校继续学习。而且有一些盲童转入常规学校后，学习成绩还非常优秀。

此外，苏珊还希望孩子们能够突破自己的极限，“他们要知道，自己要有人生的目标，这些目标是可以实现的。甚至有的时候，我们可以做连正常人都做不到的事”。2006 年，苏珊、保罗和学校的六个盲人孩子在一个专业盲人登山团队的指导下，一起登上过海拔 6500 米的雪山。

除了孩子们，很多其他人也因为苏珊的努力而燃起了心中温暖的火苗。

孩子的父母们也开始变得乐观自信：“她给了我们一个全新的孩子。”

盲文老师们也觉得自己的学识有了用武之地。

桑布是盲童学校的盲文英语教师，而他原本是一名导游，在他 25 岁的时候因车祸双目失明。刚失明时，他很茫然，很痛苦，觉得自己似乎变成了一个废人。后来机缘巧合，朋友介绍他来到盲童学校。孩子们的乐观自信与勤奋好学，让桑布深受感染。他的人生也因此有了一个新的目标：学好盲文，把自己会的一切全都教给这里的孩子。

困难不难，关爱永传

想当初这一切，在众人的质疑声中，看起来似乎都是不可能实现的。后来苏珊迈过了重重艰难险阻，终于实现了自己最初的愿望。

当初提出建校想法时，只有保罗支持苏珊。当她打电话告诉保罗自己准备只身前往西藏时，保罗立即放下工作与她同去。第一个困难的关口，是保罗给了苏珊一往无前的勇气。“这让我感到十分意外和感动，我想是共同的理想与信念让我们最终走到了一起。保罗是我生命当中最重要、也是给我最大支持的人，我想没有他或许我早就放弃了。”苏珊后来说道。

但说起最困难的事情，苏珊坦言道：“是资金。中国人似乎认为所有的外国人都是富翁。其实我自己刚开始的时候身无分文，现在也是。从开始到现在，经费一直是个大问题。”

中心成立初期，苏珊他们就曾因为没钱付租金而被赶了出来。后来还是苏珊的书解决了钱的问题。她把自己和学生的故事写进了《我的西藏之路》一书，稿费勉强支撑着中心的日常开支。

她在这本书里描写了她如何应对逐步变盲的过程，还写了西藏首个助盲项目的历史，现在这本书已经被译成 13 种语言，在德国和很多国家都成为畅销书。这本书也让更多的人知道了“盲文无国界”，中心也因而得到了一些捐助，主要来自德国、波兰和美国，以及一部分国内的机构和个人。

面对这些无私的帮助，苏珊心怀满满的感动，但她也有自己的心愿，希望人们是因为认可中心的努力而捐助，而非出于同情。“中心的确需要钱，但我们不希望别人因为同情我们才给我们捐助。希望大家能看到我们的潜能。通过努力，我们可以做很多事情，我们想要用我们的微笑得到资助。”苏珊娓娓道来。

苏珊远离故土，从黑暗中走来，却带着光亮，把开启光明的钥匙交给了这些素不相识的孩子。但在她心里，孩子们最应感谢的不是自己，而是那些来自中国各个省份和世界各个国家在经济上曾经资助过盲童学校的人们。“正是因为他们的关爱才使得这些孩子有了接受教育的机会，我仅是这份爱心的倡导者和传递者。”苏珊谦虚地说。

除了资金，人力的配置问题在中心创立初期也困扰了苏珊很久。

最开始是苏珊自己教孩子，孩子一多，就变成了苏珊培训老师，老师再去教孩子。而后，资历老的老师就开始培训新的老师。培训中心成立以来，学生已从起初的6名增加到后来的40余名，教师共6名。2000年11月，西藏残联与“盲文无国界”组织合作开展的助盲项目正式实施。据西藏自治区残联副理事长旺青格烈介绍，截至2005年，该项目国内外援助资金投入已达到500多万元人民币。

有的学生毕业后，也会主动留在中心任教。17岁的玉珍当时在正规学校就读，但每到周末，她都会回到盲童学校。玉珍说：“这儿就像我的家。我从小就没了爸爸，如果有一天妈妈也离开了我，我也不会孤单，因为保罗和苏珊也是我的爸爸妈妈。”玉珍对学习英语有着强烈的兴趣，苏珊当时正在联系将她送到国外学习。玉珍说，毕业后她一定会回到盲童学校当一名盲文英语教师。“就像苏珊一样，用爱心换取西藏盲童的开心。是她给我打开了新世界的大门，这等于给了我第二次生命。此外，她还给了我自信和勇气。她经常对我们说，要对自己有信心。只要自己努力，这世上没有什么办不到的事情，我们

▲ 德国盲人专家苏珊·萨布莉亚·坦芭肯（右二）

也可以跟正常人做一样的事情。"

2001 年，中心还开始自己编写教学用书。这一套教学模式，通过老师和同学们共同的努力，延续了下来。

困难重重，为何还要义无反顾地坚持下来？面对这样的疑问，苏珊答道：“我之所以决定留在西藏帮助这里的盲人，是因为我自己也是盲人，我了解失明并非不可逾越的缺陷。我希望能够帮助更多像我一样的盲人，找回自信，找回自己人生的价值。”

成功办学的秘诀

教育盲童的想法，并非苏珊首创，但苏珊却是第一个在西藏将想法付诸实践的人。苏珊在办学和运作方面都采取了融合的理念。

对于年龄大的学生而言，他们需要融入社会，所以他们需要的是融入社会所需的各种技能。

对于年龄较小的孩子而言，他们最需要的是融入常规学校，为此，中心为孩子们准备了预备学校。

预备学校最小的学生 7 岁，最大的 15 岁，他们最长在中心学习 5 年，一般学习年限为 1~3 年。在这里，盲童们首先学习日常的生活技能和藏文、中文、英文盲文版的读写。预备学校所采用的教材和常规学校的教材是一样的，唯一的不同是教材是盲文的。根据学生不同的接受程度，预备学校会安排不同的学习内容。除了针对盲人的特殊技能培训外,学生还将被教授通俗的中文和英文,加强他们的口语表达,即与人沟通的能力。预备学校旨在通过培训，让学生融入到当地正规的学校中求学深造。

当学生做好了融入正规学校的准备时，跟中心有合作的正规学校会对学生进行测试，判断他们是否有能力就读小学的同类年级。学生不需要从小学一年级开始就读，他们可以根据已经学习过的内容直接升入对应年级，如小学三、四年级。

西藏的小学学制为 6 年，中心的学生在常规小学接受 2~3 年的教育之后，可以选择继续读初中、高中和大学。

而对年纪大一点的孩子，中心着重培养的则是他们的就业技能。学校所做的，不是告诉学生应该做什么，不应该做什么；而是问学生喜爱做什么，尽量使学生发现自己的能力极限并努力超越这一极限，最终完全融入社会与家庭。

9 岁的其美是一个活泼可爱的小男孩，谈到最大的梦想，他说想当一名出租车司机。虽然知道自己眼睛看不见无法开车，但他并不因此而气馁。“我自己不能开车，我可以开一家出租车公司，我当老板，雇其他人替我开车。”其美说着，脸上流露出纯真烂漫的笑容。

在欧洲，盲人培训中心的运行成本都非常高。而苏珊却在拉萨实现了这样的模式：充分融入当地，调动当地的力量，用极少的资金达到预期的效果。后来，很多欧洲的盲人培训中心也开始学习西藏的做法。苏珊后来很成功地将这一套办法推行到印度。

苏珊用实际行动证明，自己当年的想法并非异想天开，那些质疑的声音也自然烟消云散。

2000 年，苏珊获得德国政府授予的金鹿奖，这一奖项主要颁发给全球范围内各行各业的有所作为者，代表德国政府给予的最高荣誉。

2001 年，荷兰驻华大使贺飞烈赶到拉萨，代表荷兰女王授予苏珊和保罗爵士勋章。

2005 年，德国总统克勒授予苏珊总统勋章，她的努力再一次得到了祖国的认可。

2006 年，苏珊又获得了中国政府“友谊奖”。作为在颁奖典礼上发言的两名获奖专家代表之一，她的发言打动了在场的中外宾客。第二天，国务院总理温家宝在接见“友谊奖”获奖专家时，专门来到她的身边问候。她幸福地说：“虽然我眼睛看不到总理，但是我在心里看到了。”

2008年，苏珊入选“改革开放三十年中国最有影响的海外专家”；次年成为2009年度《感动中国》十大人物获选者。

而获得这些奖项让苏珊最开心的便是，中心孩子们的努力得到了认可和鼓励，中心也有更多的可能顺利地运转下去。

盲文无国界，从印度到全球

西藏的盲童学校走上了正轨，苏珊和保罗便开始了下一个计划——在印度建立一所盲人学校，专门培训盲人如何做项目。

他们在印度喀拉拉邦特里凡得琅附近建立了“盲文无国界”发展和计划国际学校。一家以“盲文无国界”为名的信托公司已在喀拉拉邦注册。在那里，来自发展中国家的视力受损受训人员将学习用“盲文无国界”的理念，按照西藏的模式在他们的国家建立学校。教授的学科包括英语、管理、筹款技巧、计算机和互联网运用及网站开发。

他们没有满足于已有的成绩止步不前，因为他们希望光明的种子能播撒到世界各地。而最重要的，便是分享成功的经验，让更多人参与其中。授人以鱼不如授人以渔，他们的愿望是通过教会学生如何做，让学生有能力开展自己的项目。

苏珊和保罗将自己创办的西藏盲童学校，逐渐交给他们所培养出的学生来管理运营。2002年在盲童学校学习的尼玛旺堆，2005年由学校送往英国托尼斯国际语言学校学习英语，2009年开始承担盲童学校校长的职务……

后记

外国文教专家在华从来就不缺让人感动的故事。年轻美丽的德国盲人专家苏珊在西藏创办盲童学校，组织盲人孩子一起登上海拔 6500 米雪山的事迹，不但感动中德两国，甚至感动了好莱坞导演，将她的故事拍成影片。苏珊曾因此入选由中央电视台举办的 2009 年度《感动中国》十大人物，成为这十大人物中唯一一位入选的外国人。

平日里喜欢别人叫她"老太太"的俄罗斯眼科专家莉莉娅，在华行医 18 年，曾获"感动黑龙江十大人物"提名、大庆市"十大巾帼名医"等称号。来自美国的"爱心妈妈"马珍妮则因扎根中原大地 20 余年，在那里创办慈善之家抚育孤儿，而荣获"温暖 2007 河南十大爱心人物"、郑州市"十佳优秀母亲"称号。

本书选收了苏珊、莉莉娅、马珍妮这三位"友谊奖"杰出代表。

2014 年，为纪念国家外国专家局成立六十年，我们发起了过去 60 年至今仍活跃在我国教育岗位的"十大功勋外教"评选活动。本书选收了获选外教中的三位"功勋外教"，他们是：在中欧国际工商学院工作 20 多年不领取一分钱工资、带领学院白手起家快速发展成为世界一流商学院的西班牙专家雷诺院长；在厦门大学执教 20 多年、福建省第一位持"中国绿卡"的外国人潘威廉教授；为培养跨文化人才而来中国办学的上海纽约大学美方校长雷蒙教授。

1964 年就曾来北外任教的澳大利亚专家马克林教授，半个世纪 60

多次来华，他的儿子是中华人民共和国成立以来在我国出生的第一个澳大利亚公民。他的事迹打动了国家主席习近平，在2014年澳大利亚联邦议会演讲中，习近平主席专门用200多字的段落向澳大利亚各界介绍这位孜孜不倦向世界介绍中国的马克林教授。1982年，一本《大趋势》的横空出世，获得中国读者的追捧，本书的作者、著名未来学家奈斯比特这些年来一直向世界传播中国模式，讲述中国故事。他坚持认为中国的故事是这个时代的大主题。

本书一并将他们选收在内。除此之外，本书还选收了“改革开放三十年中国最有影响的海外专家”获选者、中央电视台第一个“洋主播”艾德文先生；在中国女曲执教9年、带领队员摘得北京奥运会银牌的韩国“魔鬼”教练金昶伯。

以上10位外国专家，他们为中国经济社会，尤其是教科文卫事业发展做出了突出贡献，他们在中国的事迹感人至深，在神州大地广为流传。本书将他们的故事一一编写成篇，以中英文双语形式出版，用他们的事迹来讲述中国与世界的故事，传播中国与世界的友谊。

本书所介绍的外国专家时间跨度较大，涉及材料众多，原计划在每篇文章之后单列出参考文献，收录在编写过程中曾经参考吸纳的相关文章和著作等，最终因为篇幅所限未能实现。本书在编写过程中，得到外国专家聘请单位以及迄今仍在中国工作的专家本人的大力支持，得到国务院新闻办公室三局原局长静瑞彬先生的指导和支持。黄山书社副社长马磊、编辑江一常为本书的选题立项和编辑出版付出了艰辛的工作。在此一并向他们表示衷心的感谢。

编者

2016年12月30日